FRED PACHECO

A FORÇA DAS ESCOLHAS

DESCUBRA COMO AS DECISÕES PODEM CONSTRUIR A FELICIDADE

Academia

Preparação: Amanda Zampieri
Revisão: Departamento editorial Planeta do Brasil e Rebeca Michelotti
Diagramação: Project Nine Editorial
Capa: Rafael Brum
Imagem de Capa: Luiz Ipolito

DADOS INTERNACIONAIS DE CATALOGAÇÃO NA PUBLICAÇÃO (CIP)
ANGÉLICA ILACQUA CRB-8/7057

Pacheco, Fred
A força das escolhas / Fred Pacheco. -- São Paulo : Planeta do Brasil, 2018. 160 p.

ISBN: 978-85-422-1390-4

1. Vida cristã 2. Músicos – Biografia 3. Testemunhos 4. Fé 5. Deus 6. Técnicas de autoajuda I. Título

18-1232 CDD 158.1

Índices para catálogo sistemático:
1. Técnicas de autoajuda : Vida cristã

2018
Todos os direitos desta edição reservados à
EDITORA PLANETA DO BRASIL LTDA.
Rua Padre João Manuel, 100 – 21º andar
Ed. Horsa II – Cerqueira César
01411-000 – São Paulo-SP
www.planetadelivros.com.br
atendimento@editoraplaneta.com.br

Dedico este livro...

À Ana, minha esposa, que me inspirou, me encorajou e nunca deixou de acreditar que era possível. Toda a minha gratidão. Eu não teria conseguido sem você. Te amo.

À Valentina, minha mais linda flor. O jardim da minha vida é florido e suave graças ao seu toque. Meu coração é mais forte e mais doce graças à sua presença intensa e açucarada. Te amo, filha.

SUMÁRIO

PARTE 3 – A VOLTA DO FILHO PRÓDIGO

HOMENAGENS

Nos muitos lugares por onde passo e escuto alguém cantarolando "Tudo é do Pai", sinto-me um feliz anônimo, pois apesar de ser o autor, outros a elevaram a patamares ainda mais altos do que eu jamais pude imaginar. Por isso gostaria muito de, neste espaço, prestar uma singela homenagem a algumas dessas pessoas.

PADRE ZEZINHO

Ao PZ (que agradeço por me permitir chamá-lo carinhosamente assim) dedico muito daquilo que sou hoje. Se hoje gosto de ser disciplinado no palco; se gosto de ensaiar; se sou atento aos detalhes da canção; se entendo que é absolutamente necessário escrever e cantar algo que esteja em total acordo com a liturgia; se entendo meu espaço e, sobretudo, procuro valorizar o que o outro que está ao meu lado tem de melhor, devo isso ao PZ.

Antes que a banda DOM existisse, bem no momento em que eu vivia o discernimento sobre qual caminho seguir, Deus me colocou perto do PZ. E ele com uma força incrível, uma sabedoria fora dos padrões, entrou em minha vida musical como um vulcão e serviu como um instrumento magnífico de Deus para plantar em meu coração o desejo de servir a Deus na música com o que eu poderia fazer de melhor.

Nunca me esquecerei de um show que fiz com o PZ em um grande ginásio no Rio de Janeiro. Na época eu fazia parte do grupo vocal que o acompanhava, os Cantores de Deus. O som não se acertava. PZ então parou de cantar no meio da música, fez um breve silêncio e foi correspondido pelo povo. Com uma educação moldada pelo zelo e pelo amor (não sei se em seu lugar eu a teria...) se voltou para o responsável pelo som e dizendo:

"Meu amigo, o som não está bom. Preciso que você faça o seu melhor. Pois o povo que está aqui veio escutar a Palavra de Deus e a palavra não pode se perder. 'Para Deus precisamos dar o melhor que temos.' Se nos esforçamos tanto para as outras coisas humanas, por que não nos esforçamos para agradar a Deus? Talvez não tenhamos muito a dar, mas se você se dispuser a fazer algo para Deus, faça o melhor com o que você tem!", concluiu ampliando a catequese a todos que o escutavam.

Uau! Fiquei maravilhado com aquelas palavras. Em meio à preocupação com um show que precisava ser feito e não acontecia, PZ aproveitava para catequizar. E sob aplausos acalorados, sem música (porque a essa altura nem era mais tão importante assim...) sua catequese preenchia tudo. E nós ali, nos vocais, privilegiados por viver e ouvir de perto uma catequese tão objetiva e rica ao mesmo tempo. Não à toa, quando lancei o disco *Tudo é do Pai*, com a banda DOM, pedimos ao PZ que o apresentasse. E ele o fez lindamente. Agora, repetiu o carinho aceitando o convite para prefaciar este livro. Minha eterna gratidão a esse mestre do qual me orgulho em dizer que fui discípulo.

PADRE MARCELO ROSSI

Tenho um profundo carinho pelo padre Marcelo Rossi. Quando recebi a ligação da sua gravadora dizendo que ele gostaria de gravar a canção em seu disco *Minha bênção*, fiquei muito feliz. Padre Marcelo, de uma humildade e carisma singulares, deu sua voz a essa canção, e até hoje nas missas em que ele celebra é presença quase garantida nos cantos do Ofertório. Padre Marcelo quebrou paradigmas e levou a canção cristã para lugares na mídia onde a canção católica ainda não havia chegado. E aqui nesta breve homenagem aproveito para agradecer a esse padre que, com muita alegria, fez chegar aos ouvidos do povo a canção "Tudo é do Pai".

Minha eterna gratidão, padre Marcelo!

GILSON CAMPOS

Ao longo de tantas regravações que a música "Tudo é do Pai" recebeu, eu gostaria também de destacar a gravação do cantor evangélico Gilson Campos. Cantor de sucesso no meio secular, foi integrante da banda Twister nos anos 2000 e, depois de um encontro com Deus, resolveu se dedicar à música gospel. Em seu segundo trabalho solo, me pediu para gravar uma versão da música "Tudo é do Pai". Aceitei na hora, porque já era comum um cantor católico gravar uma música de um compositor evangélico, mas o contrário não era verdadeiro. Gilson deu voz à canção e fez com que ela pulasse os muros dogmáticos que nos separam. Com ele, a canção foi executada em rádios e, por isso, ainda é muito cantada em cultos evangélicos. Minha gratidão eterna a esse amigo que ganhei e tanto admiro. Obrigado, Gilson!

PADRE FÁBIO DE MELO

Acho que nunca me cansarei de dizer obrigado. Ele gravou "Tudo é do Pai" em seu CD intitulado *Vida* e em seu DVD ao vivo, catapultando a música para o cenário nacional. Se hoje, por onde passo e canto essa canção posso simplesmente pedir que o povo a cante sozinho, devo muito isso ao Fábio. A esse amigo generoso que fez mais do que colocar voz em uma canção. De alguma forma ele também a compôs em seu coração antes de cantá-la. Tornou-a dele também. Ele nem precisaria dela, pois é compositor de mão cheia, mas a quis porque entendeu que ela falaria ao povo o que Deus falava em seu coração. Hoje, por onde passo, não é raro que eu escute com alegria o pedido:

"Fred, pode tocar aquela música do padre Fábio?"

Obrigado, querido amigo. Gratidão sempre!

PREFÁCIO

Estou diante de um projeto de livro maduro e adulto, escrito por um jovem músico, compositor e, agora, escritor de inegável talento.

Não sou de diminuir ninguém, mas também não esbanjo elogios quando a obra está substanciosa. Acostumei-me com a voz prendada, pelo seu violão bem tocado, suas letras bem escritas e suas melodias marcantes. Agora ele nos brinda com seu livro, que espero ser apenas o primeiro de muitos outros.

Sou exigente com os jovens que já cantaram comigo, mas isto porque tinham o que dar à Igreja e ao povo. E todos corresponderam. Fred é um deles.

Há espiritualidade e ascese neste pequeno grande livro. Ascese de quem cresceu porque leu e ouviu Paulo aos Efésios, Capítulo 3.

Recomendo estas páginas aos jovens que sonham repercutir a catequese abrangente da Igreja Católica. Seu livro mostra que, antes de ser bom escritor, ele é bom leitor. Bons leitores se tornam bons escritores.

Aos que me levam a sério na minha exigência por seriedade e abrangência, peço que levem a sério este livro. Mais do que biografia, é um testemunho de um casal de jovens que assumiu a missão de repercutir a Igreja de hoje!

Abençoo e agradeço ao Cristo pelos leigos talentosos que temos. Sempre apostei e sempre apostarei neles!

José Fernandes de Oliveira
(*Padre Zezinho*, SCJ)
São Paulo, 19 de novembro de 2017

INTRODUÇÃO

Por que resolvi escrever este livro? Uma pergunta aparentemente simples que deu sentido a tudo isso. Por onde canto a canção "Tudo é do Pai" escuto algum testemunho. É muito comum alguém me contar que passou por alguma experiência importante depois que conheceu essa música. Sim, porque uma música cristã não deve ser composta somente para emocionar, mas sobretudo para levar àquele que a escuta a ter uma experiência com Deus. E foram muitas. Depois dos shows que faço com a banda DOM, ou após usá-la em palestras ou pregações, é comum alguém me perguntar como a música surgiu. Já partilhei essa história algumas vezes, mas nunca havia tido inspiração para colocar isso tudo no papel. Até que um dia, minha esposa Ana insistiu depois de ter me ouvido contar rapidamente (quer dizer, não tão rápido...) pela "enésima" vez a história para alguém que perguntou a origem da música:

"Frê (ela me chama assim, o que eu amo), você devia pensar melhor nisso. Você devia escrever esse testemunho, colocar essa inspiração em um papel. Você deveria responder a esse questionamento. Tenho certeza de que as pessoas que amam e cantam essa música vão gostar de saber como tudo começou. Creio que ela ganhará ainda mais sentido em seus corações", disse, animada.

Ela estava certa. Então, motivado por esse impulso, um impulso amoroso, resolvi escrever e contar essa história de um *Pai* que ama muito seu filho. Um filho que, em determinado momento da vida, fez escolhas erradas, caiu, se arrependeu e voltou para casa...

* * *

Muito mais do que uma canção

Essa canção não nasceu somente em um momento de inspiração. Ela nasceu em um caminho de vida. Com muita lágrima derramada em uma fina folha de papel que recebeu os primeiros rascunhos. Ela não tomou forma no primeiro dia. Não. Ela foi gestada pelo tempo.

Primeiro nasceu o refrão, a partir de uma decisão pessoal. Eu decidi sair de um marasmo espiritual, de um momento de depressão que eu estava vivendo. Havia um grito preso na garganta. Um grito de alguém que queria gritar, mas não sabia ao certo se alguém o escutaria.

"TUDO É DO PAI!", eu gritei. "Tudo é de Deus! Eu sou Dele!"

Gritei para um *Pai* amoroso que me acolheu e me escutou. Minha voz teve sentido novamente. Saí da escuridão do quarto e do coração para gritar alto para Alguém que podia me ouvir. Alguém que podia novamente dar sentido à minha vida, ao meu canto, à minha voz.

O mais bonito é que quando ela ficou pronta, nunca achei que realmente estivesse. Não a sentia como uma canção. Era quase como um pequeno diário. Falava sobre alguém que havia tomado as mesmas decisões emocionais daquele filho mais novo citado na parábola do filho pródigo na Bíblia. Mais tarde descobri que eu fui ainda mais do que isso.

PARTE 1

A VOCAÇÃO DO FILHO

Capítulo 1

SOMOS O QUE AMAMOS

Você já pensou em ir mais longe do que poderia? Dar um passo além do que sua razão lhe dizia? Quem nunca ao menos sonhou que poderia realizar algo mais complexo ou aparentemente difícil de acabar? Mas se você já fez isso, ou melhor, se todos já fizemos, seria interessante perguntar: por que fazemos?

Bem, acho que em alguns momentos na nossa caminhada nesta terra vamos além do que está confortável ou cômodo em nossa vida por três motivos. O primeiro e o segundo: ambição ou orgulho. É sério.

Ambição ou orgulho. Em grande ou menor escala. Mas quando estou otimista (e não é minha melhor característica) eu penso em uma terceira hipótese, no terceiro motivo.

Fazemos algo além porque temos *confiança*. Isso mesmo, confiança! Primeiro em Deus e depois em nós mesmos! Mas o que chama a essa terceira hipótese a que me refiro? O desafio. Fazer algo novo. Para quem não quer se desacomodar, ou acha que está "tudo bem, obrigado" e por isso não precisa sair de onde está, penso que ele, o desafio, não instiga e não promove mudança. Mas para quem tem dentro de si um sentimento que procura mais saídas do que obstáculos, o desafio será como uma faísca em um pavio prestes a detonar uma bomba.

No meu caso, ou melhor, na minha motivação, o desafio chegou e eu fui tomado pelo segundo agente motivador descrito anteriormente. Aqui já conseguimos identificar o desvio inicial na conduta. O desafio deveria detonar o pavio da *confiança*, mas em vez disso foi motivado pelo *orgulho*. Isso mesmo. O orgulho. Uma necessidade instintiva de querer ser autossuficiente e melhor do que os outros à minha volta. Fui tentado a fazer as coisas do meu jeito, sem ouvir ou pedir opinião a ninguém. E mesmo quando eu pedia, a tentação de persuadir e conduzir meu ouvinte a responder do modo como eu queria ou com o que eu queria ouvir aparecia. Isso acontece com o orgulhoso. O orgulhoso não quer ouvir algo que não lhe pertence. O orgulhoso já sabe tudo, é dono de toda a situação e não se predispõe a ouvir e aprender com o outro. Esse sou eu.

Talvez você possa se perguntar: por que você está escrevendo que ainda *é* orgulhoso, e não diz que *era* orgulhoso?

Porque eu ainda não fui curado desse mal. Eu preciso vigiar sempre. O *orgulho* tomou conta do meu ser. Foi isso que escrevi na canção. O orgulho tomou conta de mim e ele é o espinho na minha carne que Paulo Apóstolo relatou em seu testemunho na segunda carta aos Coríntios, Capítulo 12, versículo 7:

E para que a grandeza das revelações não me enchesse de orgulho, foi-me dado um espinho na carne, um anjo de Satanás, para me esbofetear, a fim de que eu não me torne orgulhoso.

Esse é o meu espinho. Paulo tinha o dele, e você deve ter o seu. É preciso conhecê-lo. Aqui eu o revelo a você que compartilha comigo um pouco da minha parábola. Um pouco da minha vida.

Fui desafiado a realizar algo. E aí quis fazer tudo do meu jeito. E aí fui alto demais. E o tombo também foi bem alto. E não foi legal. Como já dizia o trecho da canção "Holofotes" de um amigo querido, o compositor Bruno Camurati: "Ficar no alto pode ser legal, mas levar um tombo não é não!".

É. Realmente cair do alto não é legal.

Mas eu subi e me orgulhei de onde cheguei. Por isso que as coisas deram errado para mim. Por isso caí no "fundo do poço" mental. Não foi literalmente uma queda física. Ela foi mental e espiritual. A depressão que chega e leva você para um labirinto de emoções negativas aparentemente sem saída. E se você não pedir (ou não aceitar) ajuda, será muito difícil sair.

A queda no tal "fundo do poço" mental começa quando achamos que não estamos tão próximos dele. Quando o subestimamos. Um exemplo que gosto de dar começa com uma pergunta: você sabe andar de bicicleta?

Eu aprendi a andar de bike ainda criança, e é claro que algumas quedas aconteceram enquanto eu aprendia, mas o acidente mais feio que tive ocorreu quando eu achava que sabia andar bem.

Durante toda a minha caminhada na igreja, achei que não cairia no tal "fundo do poço", que eu não seria assim tão ingênuo e, principalmente, que não seria tão desobediente com Deus. Afinal, eu tinha (ou ao menos achava que tinha) um bom relacionamento com Ele.

* * *

O menino e o chão

Um menino começa a subir em uma árvore alta. No meio do caminho começa a sentir medo porque vê que o desafio era maior do que ele inicialmente supunha. Mesmo assim, ele não desiste. A vontade de ir mais alto o convoca a ir mais longe. A chegar onde ele se desafiou. E o menino chega ao galho mais alto. Está ventando bastante. Os galhos rangem demonstrando sua incapacidade em ser mais forte do que o peso do garoto. Mas o galho não rompe. A árvore aguarda a decisão da criança, como quem pergunta o que ele realmente estava fazendo ali, assumindo o risco. O menino olha para baixo, contempla a altitude por alguns instantes. Vence o medo e olha para cima. Olha para o céu e sente-se vitorioso. Contudo, aquela vitória ainda não era suficiente. Ele quer ir além. Não há barreiras nem obstáculos. Ele chegou ao ponto mais alto e não está sozinho. Está acompanhado de seu orgulho e de sua ambição. Ainda não é o fim, porque o menino acredita que pode voar. Claro, se chegou tão longe o que o impediria de ir além?

E em um salto ele voa. E cai. O chão machuca. É duro, violento e decepcionante. Ele acaba com o sonho ingênuo do voo. Ele é real. Não apaga a vitória da subida, mas devolve amargamente a realidade na queda. A realidade da vida.

* * *

Você já sonhou que podia voar?

Já pensou em ir além? Foi muito alto, muito além do que podia, tentou e caiu? E com a queda pensou ter fracassado? Eu já me senti assim. Em muitos momentos da minha história eu subi muito alto porque acreditava que podia ir além até mesmo das minhas crenças, mas a vida foi um chão duro e rude que me mostrou a realidade. Não tive e não tenho uma vida perfeita. Mas não desisto. Não me dou a chance de dizer que não posso fazer algo. Você que compartilha comigo um pouco da minha vida a partir dessa partilha que temos agora também não deve se permitir desistir. Não fomos feitos para a derrota.

Mesmo se o chão for duro demais, pense no caminho anterior que você fez. O menino da história limpou as feridas e sentiu-se feliz por ter conseguido subir ao topo. Não ficou dando muito valor para a queda. Ela apenas serviu para ensiná-lo o quão alto ele pode subir na próxima vez. E quanto a você? Quanto mais pode subir?

* * *

Quando tudo começou

No dia 9 de janeiro de 1975, dona Márcia deu à luz dois meninos. Gêmeos. Ficaram unidos durante sete meses na barriga da mamãe, compartilhando cada um seu pedacinho de espaço, tentando se acomodar melhor sem gerar tanto incômodo para a mamãe. E quem convivia com minha mãe dizia que sua barriga estava "quase maior do que ela". Tudo bem que não é lá uma coisa muito difícil, afinal minha querida mãezinha não é da safra de mulheres de grande estatura. Mas o que não tem de tamanho, ela tem em coração. Tem um que quase não lhe cabe no peito.

O papai, o meu bom e velho Carlos, estava todo "prosa"! Claro! Afinal de contas não era comum para a família a chegada de gêmeos. Ele, um sujeito muito trabalhador, justo e humano já foi descansar com o Pai do céu. Não está mais por aqui. Não em corpo. Mas do meu coração, não sai. Tenho saudades de você, pai.

Na hora de escolher o nome dos garotos, coube à mamãe definir o daquele que nascesse primeiro. E foi meu irmão Marcio que primeiro deu o "ar da graça" (mas, "pera lá", deixa eu explicar logo que segundo a sabedoria popular e, claro, a explicação da minha mãe, eu sou o mais velho!). É isso mesmo! Minha mãe sempre disse que no caso de gêmeos bivitelinos (ou seja, que vêm de duas placentas) o mais velho é o que é gerado em primeiro lugar. Então, nesse caso fui eu, e não o meu irmão. Claro que já li muitas coisas a respeito que derrubam essa tese, mas não vou contestar minha mãe, não é mesmo?! Mãe sabe tudo e vou segurar essa afirmação até a morte! Até porque essa questão biológica não é tão importante agora. Voltemos ao nome dos garotos.

Coube à nossa mãe escolher o nome do primeiro. E logo veio a dona Márcia e chamou o pimpolho de Marcio. E ao papai coube a missão de escolher o meu nome: Frederico. Eu gosto muito desse nome. É bem verdade que todo mundo, mas todo mundo mesmo, só consegue me chamar de Frederico no máximo até a segunda chamada. Depois vira Fred. Não tem jeito. É automático. Outro dia pedi um café em uma cafeteria onde a balconista identifica o copo que será entregue ao cliente escrevendo o nome nele. A mocinha perguntou meu nome e eu disse

Frederico. Ela me olhou com cara de cansada e disse: "Pode ser Fred?", concordei com uma cara de "e eu tenho escolha"?

Mas eu entendo. E hoje até me acostumei. No fim acho prático. Só não podia dizer isso na frente do meu pai. Ele sempre dizia que as pessoas estragavam meu nome quando o abreviavam. Mas isso era coisa do meu velho e lindo pai. Um grande homem, e hoje um grande anjo intercedendo por nós lá no céu.

Nós crescemos. Tínhamos dois anos quando nossa irmã Bianca chegou. Bianca. Ah, essa era espoleta. Tinha e ainda tem gênio forte e muita personalidade. É dona de um senso de humor incrível e de um coração gigante. Uma mulher e tanto. Maravilhosa a nossa Bia. E quando nós (os gêmeos) tínhamos 7 anos, mamãe nos deu mais um presente: Ariela, uma loirinha linda, doce e de olhos claros que iluminavam a casa. Seu nome bonito e incomum é uma homenagem ao nosso avô materno Ari: um bem-humorado torcedor do São Paulo F.C., que tinha uma risada gostosa que até hoje ecoa em meus ouvidos.

E com as dificuldades e alegrias peculiares de quem tem quatro filhos, os pais Carlos e Márcia conduziram essa família e nos educaram com todo carinho, mostrando a cada dia o valor e a necessidade de sermos honestos e íntegros em nossa caminhada.

Capítulo 2

DEUS FAZ DO JEITO DELE

Deus sempre faz do jeito Dele. Mesmo quando achamos que estamos no comando. Mesmo quando não O deixamos conduzir. Porque é aí que o mistério do amor incondicional se define. Mesmo Ele sendo Deus, o autor de tudo, Ele permite que tomemos a decisão de conduzir tudo. Ele deixa que façamos assim. O controle ainda é Dele, afinal se quisesse faria diferente. Ele é Deus e nós somos a criatura.

Na Bíblia, no livro do Gênesis, Capítulo 1, versículos de 1 a 4:

No princípio, Deus criou o céu e a terra.

A terra estava deserta e vazia, as trevas cobriam o abismo e o Espírito de Deus pairava sobre as águas.

Deus disse: "Faça-se a luz!". E a luz se fez.

Deus viu que a luz era boa. Deus separou a luz das trevas.

Acreditamos nisso. Em um Deus que pode realizar o que quiser em nós. Isso é verdade. Mas também é verdade que isso somente acontecerá se deixarmos que Ele nos conduza. Não há outra forma. Mas não se trata de uma condução coercitiva ou obrigatória, não: é deixar-se conduzir por amor e com amor. Deus pode e quer nos conduzir a uma rica jornada da vida. Tudo isso por meio do amor. Um amor incondicional e pleno que une o simples ao complexo. O apto ao inapto. O bom ao ruim.

O monge Anselm Grün em seu livro *Pequeno tratado do verdadeiro amor* afirma[1]:

> O amor é o presente mais belo que Deus nos deu ao coração. É simples para o ser humano encontrar o amor; o amor lhe é dado, ele o vivencia, quer queira, quer não. O amor pode adoecê-lo ou encantá-lo. É como uma chama que o queima. É como uma tempestade que o arrasta. O amor não é só amor homem e mulher, mas também o amor aos filhos, às pessoas em geral, à natureza, é o amor como caráter e atitude, que marca todos os nossos pensamentos, desejos e ações, e é o amor entre Deus e o ser humano.

Portanto, cremos em um amor gentil que se personaliza em nós e por nós. Um amor que nos foi dado quer queiramos ou não. Somos amados mesmo quando não queremos. Nossa escolha não está em não querer ser amado, mas sim em não querer vivenciar um amor dedicado a nós. Por isso a relação franca entre aceitar a condição de tudo por Deus. Essa, portanto, é uma decisão amorosa. Aceitar ser conduzido pelo amor e com o amor de Deus.

* * *

A primeira vez que cantei

A música foi uma herança do meu pai. Ele tocava violão e adorava cantar MPB, Bossa Nova e Beatles. Era um grande admirador da boa música. De tanto vê-lo tocar e cantar em casa eu comecei a me interessar pela música. Lembro-me bem de minha primeira experiência como cantor. Eu estava no pré-primário, algo hoje equivalente ao primeiro ano do ensino fundamental. Houve uma festa na escola e a professora (na época chamada carinhosamente por "tia" Neusa) chamou a turma e disse: "Alguém quer cantar alguma música no evento?". Prontamente olhei para meu irmão Má (não consigo chamá-lo de outra forma) e concordamos que deveríamos pela primeira vez expor em público um pouco do que fazíamos quando estávamos em casa com nosso pai ao violão. E a música escolhida foi "Menino da Porteira", sucesso da época interpretado pelo cantor sertanejo Sérgio Reis. Foi uma experiência bacana. Pelo menos eu achei que ficou bonito. Cantamos em uníssono as belas estrofes da canção que fala do triste fim de um menino boiadeiro.

A partir desse dia, não parei mais de cantar. Não tinha hora nem lugar. A música me encontrou enfim.

* * *

Conexão com o céu

Há muitas maneiras de conversar com Deus. A oração, sem dúvida, é a forma de conexão mais forte. Na oração temos a oportunidade de unir nosso coração ao coração de Deus. Santa Teresa D'Ávila, em seu livro *As moradas do castelo interior*[2] afirma que: "a própria alma é outro céu, no qual se pode entrar por intermédio da oração".

Como você conversa com Deus? Não importa como, importa que converse. Ou ao menos tente. Que busque a intimidade. Que se achegue em Seu colo e sinta-se amado.

Eu converso muito com Ele por meio da canção.

A música cristã nasceu em meu coração no momento em que comecei a participar de um grupo jovem chamado Dispa (Discípulos de São Paulo Apóstolo) em Sorocaba, São Paulo. Lá conheci grandes amigos, que foram e continuam sendo realmente muito importantes para mim. Tenho uma gratidão enorme por essa comunidade, afinal foi ali que tive meu primeiro encontro com Jesus. Foi uma experiência linda.

Sou péssimo com datas, mas me lembro bem do dia em que eu e meu irmão participamos do nosso primeiro encontro de jovens promovido pelo Dispa. Foi na casa de retiro São José. Fomos convidados por algum amigo a participar do encontro e, literalmente, fomos enganados. Isso mesmo! A pessoa que nos convidou disse que poderíamos levar sungas para piscina, bola, chuteiras e até poderíamos nos preparar para passeios a cavalo, se gostássemos. Ou seja, seria um dia incrível para dois adolescentes que só pensavam em bagunça!

Mas não foi da forma como eu imaginava. Deus fez do jeito Dele. E naquele dia eu comecei a entender que o jeito de Deus nem sempre é o jeito que a gente quer, no entanto é sempre o melhor. No começo eu não entendia muito bem, mas hoje tenho absoluta certeza de que tudo estava sob Seu controle e de que Ele colocou pessoas maravilhosas a serviço de Seu amor. Foram dois dias com palestras, muita música e claro, muita oração. Deus estava ali. Eu ainda não sabia muito bem, mas Deus estava ali, Ele sempre esteve. Ele sempre está.

Ouvi pessoas falando de um amor que era gratuito. Um amor disponível ao alcance de um sim. E foi esse amor que recebi. O amor de Cristo apresentado para todos que participavam daquele retiro era expresso na forma mais real e concreta que um jovem inseguro, que começava a caminhar na vida, poderia experimentar. Quem estava ali recebeu muito carinho e muito cuidado. Aos coordenadores Macedo e Regina, Luis Guilherme e Mari, Ana e Mauri, e ao Alexandre Rodacki, que coordenava a turma da música, minha eterna gratidão. Foram setas que apontaram pela primeira vez o tamanho do amor que Deus tem por mim.

E a semente plantada em meu coração naquele dia gera frutos até hoje. Não canso de repetir que não ganhei somente amigos na vida.

Ganhei mais do que isso. Digo em voz alta a passagem bíblica descrita no livro do Eclesiástico, Capítulo 6, versículo 14:

> *Amigo fiel é poderosa proteção: quem o encontrou, encontrou um tesouro.*

Sim, sou um privilegiado. Tenho um tesouro. Deus sempre fez do jeito certo. Fez do jeito Dele.

CAPÍTULO 3

CAMINHAR COM DEUS É CAMINHAR MELHOR

Caminhar seguindo as coisas que Deus nos propõe é um grande desafio. Certa vez, durante uma conversa com um sacerdote amigo, falávamos das dificuldades e provações que vivemos diariamente mesmo estando a serviço do reino de Deus.

"Caminhar com Deus nem sempre será caminhar por um caminho BOM, mas com certeza significará caminhar por um caminho MELHOR", disse ele.

No primeiro momento que ouvi essa frase, fiquei pensando se realmente fazia sentido. Afinal, quem vive ao lado Daquele que é BOM, não deveria somente experimentar coisas boas? Pois bem, não é bem assim. Hoje, após caminhar algum tempo ao lado desse meu grande amigo Jesus Cristo, percebo que não se trata somente de uma frase de efeito. É uma verdade escrita com sangue, com sacrifício, que fora tatuada em meu coração. Colorida com as cores da verdade e do amor.

Reflito sobre as dificuldades que José, pai adotivo de Jesus, viveu ao escolher seguir o chamado que lhe fora confiado. Vamos relembrar a história: José, um carpinteiro respeitado em sua cidade, estava com tudo acertado para se casar com uma jovem chamada Maria. Em seus planos provavelmente trazia o desejo de construir sua casa, ter filhos, perpetuar sua descendência, algo tão importante na época.

De repente, os planos mudam e ele fica sabendo que sua futura esposa estava grávida por obra do Espírito Santo de Deus. Vocês acham que foi fácil receber e entender essa notícia? Não creio que tenha sido. Tanto que, quando soube, "José, seu esposo, não querendo difamá-la, resolveu rejeitá-la secretamente" (Mt. 1,19).

E Deus, que conhece tudo e sabia como estava o coração de José, mandou um anjo falar-lhe em sonho para esclarecer que se tratava de um desejo Dele. José então decide aceitar sua vocação. Seu chamado. Ele poderia ter negado? Claro que sim, Deus não o forçou a nada! Mas ele *escolheu* seguir *com Deus*. Ele sabia que era o melhor a fazer. Não ficou pensando nos problemas que teria depois que aceitasse o pedido Dele. Não ficou preso às possíveis dificuldades que viria a ter. E no fim, muitas vieram. Ele e Maria sofreram, fugiram, foram perseguidos, mas José não desistiu. Seguiu a vontade do Pai. E fez isso porque também sabia que apesar dos problemas, os frutos viriam. Foi como semear uma terra. Depois do sacrifício do arado, veio a boa colheita.

É evidente que José não sabia de tudo o que aconteceria. Deus nunca revela tudo para ninguém. Não fez isso nem com José. Isso porque as coisas acontecem no Seu tempo e Ele nos concede a graça de perceber Seus sinais na medida em que estamos preparados para colher os frutos. E com José não foi diferente. Ele precisava seguir em frente e apenas confiar que Deus estava conduzindo tudo. E José disse seu sim e acolheu a vontade de Deus para sua vida. Eis o trecho do Evangelho narrado por São Mateus, Capítulo 1, versículos de 20 a 25:

Mas, no que lhe veio esse pensamento, apareceu-lhe em sonho um anjo do Senhor, que lhe disse: "José, filho de Davi, não tenhas receio de receber Maria, tua esposa; o que nela foi gerado vem do Espírito Santo.

Ela dará à luz um filho, e tu lhe porás o nome de Jesus, pois ele vai salvar o seu povo dos seus pecados".

Tudo isso aconteceu para se cumprir o que o Senhor tinha dito pelo profeta:

"Eis que a virgem ficará grávida e dará à luz um filho. Ele será chamado pelo nome de Emanuel, que significa: Deus conosco".

Quando acordou, José fez conforme o anjo do Senhor tinha mandado e acolheu sua esposa.

E não teve relações com ela até o dia em que deu à luz o filho, ao qual ele pôs o nome de Jesus.

Aqui está o "x" da questão. José *aceitou* o chamado. Aceitou a vontade de Deus em sua vida. Seu "sim" chegou carregado de bênçãos, mas também de responsabilidades e dificuldades. Então, quando tomamos a decisão de aceitar o chamado que Deus tem para nós, precisamos fazer isso abrindo-nos à necessidade e à possibilidade de experimentar um despojamento das coisas aparentemente boas, que hoje são descartáveis, para perceber que o que traz a felicidade concreta independe da possibilidade de viver sempre momentos bons e agradáveis. Nem todos os caminhos que fazemos são bons.

Para ilustrar, tomo o exemplo de uma mulher que desejou muito ser mãe. Ela não será mãe se não escolher também passar pela espera da concepção até o nascimento, pelos possíveis enjoos e pela tão temida dor que os procedimentos para o parto podem causar. É provável que ela sinta as contrações e as dores, e que talvez enfrente um grande caminho de espera. Talvez chore ou até reclame pelo tempo belo (porém doloroso) que está passando. Mas quando o bebê chegar, o choro será de alegria. O bebê, que em uma análise objetiva, poderia ser o "causador" daquele sofrimento temporário, passará a ser a maior causa de felicidade.

E para onde foi a dor? Ela sumiu? Nunca existiu? Não! Talvez ainda esteja lá. Talvez a mulher ainda leve algum tempo para se recuperar. Para ser plena em todas as suas funções novamente. A diferença é que agora há um motivo para que ela continue.

Caminhar com Deus é exatamente assim. Diante dos caminhos dolorosos que enfrentamos, quando fazemos a escolha de permanecer ligados a este Deus que dá sentido a tudo, a dor pode ser angustiante, mas sabemos que haverá Alguém para enxugar nossas lágrimas.

* * *

Bom Pastor

Quando eu tinha 16 anos, mudei com minha família para o Rio de Janeiro, pois meu pai havia sido transferido pelo seu trabalho para lá. Depois de uma rápida e importante passagem pela paróquia São Paulo Apóstolo, conheci e fui acolhido pela Paróquia Nossa Senhora de Copacabana, onde participei da Comunidade Bom Pastor, uma das primeiras comunidades do movimento da Renovação Carismática Católica no Brasil.

Foi um lindo passo na fé. Lá eu consegui amadurecer o que havia conhecido no início da minha caminhada. E posso afirmar que, novamente, tive um grande encontro com Jesus. Ao participar do grupo de oração da Comunidade Bom Pastor eu percebia um amor envolvente, humanamente divino e divinamente humano.

Até então eu nunca havia tido contato com um grupo de oração da Renovação Carismática. Fiquei deslumbrado quando vi pela primeira vez um encontro tão bonito. Tanta gente reunida para louvar e adorar nosso Deus. Foi uma experiência linda. A cada encontro eu percebia cada vez mais meu coração sendo levado e conduzido pelo Espírito Santo de Deus. Pregações maravilhosas, adorações a Jesus sacramentado, orações para pedir a cura do corpo e da alma. O grupo de oração da Comunidade Bom Pastor era um pedaço do céu para mim.

E ali eu também fui acolhido por muitos anjos. Pessoas que rezavam e agiam direta e indiretamente em minha vida. Dóris e João, fundadores e coordenadores da comunidade, eram dóceis aos suspiros que Deus mandava aos seus corações. Com muito amor, dedicação e fidelidade eles conduziam cada um que se dispunha a manter um compromisso de aliança com a comunidade. Um carisma forte e firme que mostrava que a oração era o canal evidente e certeiro para se encontrar plenamente com Deus. E tudo isso com extrema obediência e amor aos dogmas da nossa santa e amada Igreja Católica.

Deixo minha gratidão eterna a estes que foram meus pais na fé. Minha gratidão a uma comunidade que me ensinou a aprofundar meu desejo de seguir o Cristo. Ali conheci de maneira mais forte a capacidade de transformação que podemos ter a partir de uma entrega total em Deus.

PARTE 2

A QUEDA DE UM FILHO

Capítulo 4

QUANDO O ORGULHO PREVALECEU

MINHA INTENÇÃO AGORA É PARTILHAR DOR. Isso mesmo: Dor. E a partilha faz sentido quando abrimos o coração e possibilitamos mostrar uma verdade que possa servir como um facão que abre um caminho através de uma mata densa. Não tenho a pretensão de ser apenas um narrador de emoções.

Meu desejo é ligar meu coração ao coração de quem partilha comigo agora. Claro que também sou vulnerável, e apesar de estar caminhando na Graça de Deus, em um determinado momento conheci o orgulho de uma forma que me jogou literalmente às portas do inferno. Orgulho que dominou por completo minha existência. Um pecado grave que falou em mim muito mais nos gestos do que minha própria boca seria capaz de expressar.

O frei Raniero Cantalamessa afirmou em seu livro *A vida em Cristo*:

> "O pecado também 'fala', como faz Deus na Bíblia; também ele profere oráculos e a sua cátedra é o coração do homem. No coração do homem fala o pecado; por isso é absurdo esperar que o homem fale contra o pecado".

E o pecado falou em mim e por mim. Atingiu a vida de outros. Mas primeiro atingiu em cheio a minha vida e gerou seus frutos perversos. E o fruto do pecado é a morte, como nos ensina o apóstolo Paulo em sua Carta aos Romanos no Capítulo 6, versículo 23:

Com efeito, a paga do pecado é a morte, mas o dom de Deus é a vida eterna no Cristo Jesus, nosso Senhor.

Entretanto não foi uma "morte" em si. Não. Como mencionei anteriormente, essa morte oriunda do pecado do orgulho gerou frutos. O frei Raniero Cantalamessa descreveu com clareza esta questão:

> O pecado conduz à morte; não tanto, porém à morte como ato (que duraria um instante) quanto à morte como estado, precisamente àquela que foi denominada "a doença mortal", que é uma situação de morte crônica. Nesta situação, a criatura anseia desesperadamente por voltar ao nada, mas sem jamais consegui-lo; por isso vive numa eterna agonia.

O orgulho em mim foi a tal "doença mortal" narrada pelo frei Raniero. Silenciosa, tomou conta de tudo, conduziu meus atos, meus sonhos, minhas decisões.

* * *

O PIOR DE MIM

Eu já fazia parte da banda Bom Pastor, uma banda de música católica, como vocalista principal. A banda tinha como principal função animar o Grupo de Oração que acontecia (e ainda acontece, graças a Deus) todas as segundas-feiras, na Comunidade Bom Pastor, em Copacabana. Mas também, como era uma banda, o núcleo da comunidade nos autorizou a seguir em missão, participando de shows de evangelização.

Naquela época, não era muito comum ver bandas católicas fazendo isso, mas já havia convites para esse formato de evangelização. Na banda eu aprendi muito. Aprendi a me comportar em um palco, a dividir espaço com meus irmãos, a entender melhor os tempos de cada coisa. Aprendi muito sobre a importância da disciplina com horários e ensaios, mas sobretudo aprendi que a oração é a base para que um ministério de música sirva a Deus em plenitude. Poder tocar em grupo me permitiu entender melhor minhas limitações e me possibilitou enxergar também os limites do outro. E o melhor de tudo, me deu a chance de conviver e aceitar melhor as diferenças que temos.

Depois de participar de alguns eventos e participar ativamente dos grupos de oração com a banda Bom Pastor, em outubro de 1997, o Papa João Paulo II esteve no Rio de Janeiro em uma viagem Apostólica para o II Encontro Mundial com as Famílias. Fui convidado por um representante da arquidiocese do Rio de Janeiro para integrar uma banda mista, formada por integrantes que representavam todos os Vicariatos do Rio de Janeiro e que seria responsável por animar e conduzir os eventos que aconteceriam no ginásio do Maracanãzinho e na missa campal, que seria realizada no Aterro do Flamengo. Eu era o vocalista, representante do Vicariato Sul. Isso foi realmente incrível. Poder estar diante de milhares de pessoas e principalmente diante do papa (hoje São João Paulo II!), foi uma experiência única.

O problema não foi ser escolhido para integrar uma banda. O maior problema foi como *eu encarei* essa escolha. Realmente me vi como o melhor cantor da cidade e o mais preparado para cumprir aquela função. Afinal, não era todo dia que alguém cantava para o papa. Nos dias dos eventos eu estava pronto para exercer o meu melhor. Para realizar algo que eu realmente achava que era meu talento.

Lembro-me de um episódio que hoje me envergonha muito. A missa campal começaria no Aterro do Flamengo e eu estava no local determinado para mim, ao lado do padre Zezinho, bem em frente ao coral de vozes formado por jovens cantores e também por algumas pessoas que gostavam de cantar. Eu estava ali como uma espécie de "representante" daquelas vozes jovens. E lembro que antes de começar eu encontrei com meu irmão Marcio e alguns amigos da Comunidade Bom Pastor que se dirigiam para a arquibancada do coral. O acesso que eles tinham aos locais da missa era restrito ao local onde iriam cantar. Já o meu crachá tinha um acesso privilegiado. Lembro-me que estava vestido com um terno emprestado do meu irmão (que não me recordo de ter agradecido) e quando os vi fiz questão de virar o crachá para deixá-lo bem à mostra para que todos pudessem ver que eu tinha um acesso especial. Acho que eu me sentia mais abençoado do que os outros. Como se tivesse recebido um prêmio por boa conduta ou até por ser um grande ministro de música.

Penso que é esse o grande desafio para qualquer artista ou músico cristão. Viver esse paradoxo de estar na frente da assembleia, mas não querer e não poder ser maior do que Jesus Cristo, o Grande Artista e maestro da nossa orquestra da vida.

Exercer um talento aparentemente humano, sempre reconhecendo que esse talento é graça de Deus. E quando me refiro a talento, não falo sobre algo mágico que surge imediatamente após nosso amadurecimento como ser humano. Aqui eu me refiro à capacidade que Deus nos concedeu de exercitar os talentos. Aprender coisas novas. Aprimorar algo que não temos de bom.

Eu sou um caso prático. Não sou um violonista que nasceu com o dom de tocar um instrumento. Tive que me esforçar muito para ao menos conseguir acompanhar meu canto e compor algumas canções. Meu pai tocava violão e meu irmão também já se virava muito bem. Mas só tínhamos um violão em casa e eu sou canhoto! Logo, não podia alterar ou inverter as cordas de lugar.

Conheço alguns músicos canhotos que optaram por esse modelo, mas eu não tinha essa alternativa. Tive que escolher *aprender* a tocar violão com a mão direita. Minha mão direita era absolutamente sem força ou sensibilidade para dedilhar as cordas ou até mesmo segurar com firmeza uma palheta. Por isso tive que me esforçar muito para tentar ao menos equilibrar as coisas naquela região do violão. Eu poderia ter simplesmente desistido. Mas eu queria aprender a tocar violão, não importavam as dificuldades. O caminho foi mais lento e difícil, mas eu decidi continuar.

De volta ao encontro, os eventos ocorreram, eu cantei, participei das celebrações, fiquei muito perto do Santo Padre. No fim, ainda consegui ir até a base aérea do Galeão para me despedir dele e até ganhei uma bênção e um terço de presente de suas mãos. Tudo aconteceu e eu me sentia um verdadeiro privilegiado. No meu coração era como se eu fosse merecedor de toda aquela festa.

O problema é que eu não tinha percebido o quanto eu realmente não tinha experimentado a graça da maneira correta. Eu estava ali participando de tudo, mas não conseguia beber da graça de Deus da melhor forma. Porque o orgulho tinha tomado conta de tudo. Tinha tomado conta do meu coração. O orgulho, o pai dos pecados, a completa ausência de humildade havia tomado conta de mim.

Fui arrebatado pelo que havia de pior em mim. A soberba, o orgulho, a prepotência. A completa ausência de humildade.

Tudo isso estava em mim, envenenando-me sem eu perceber. E sabe o que aos olhos humanos é mais estranho e ao mesmo tempo tão assustador? Que esse sentimento de orgulho e soberba não foi ruim. Ele me deu uma sensação de prazer imediata. Eu me senti merecedor de algo que na verdade eu não possuía. Foi um desejo desenfreado e exagerado de se afirmar como alguém superior, melhor que o outro.

Por conta do orgulho e da vaidade, eu nem percebi que estava sendo descuidado até com meus irmãos! Como eu podia estar tão cego? Como é possível ser atacado e dominado por uma ação do diabo em um evento tão santo?

O fato é que eu não estava conseguindo enxergar o que Deus queria de mim. Eu estava muito mais preocupado em aparecer para os outros do que qualquer outra coisa. Já tinha deixado de lado o sentimento único e sublime do *servir*.

Capítulo 5

A CEGUEIRA IMPEDIU A BÊNÇÃO

Cantei para um papa hoje santo. São João Paulo II faleceu em 2 de abril de 2005 e foi proclamado beato pelo papa Bento XVI no dia 1º de maio de 2011. Antes, um homem comum que aceitou um chamado. Um homem comum que buscou o extraordinário no ordinário da vida.

Meu coração estava inundado pela vaidade. Eu pensei que realmente tinha recebido uma graça especial por ter tido a chance de ficar tão próximo de um papa, de um homem santo. Um olhar finito o meu. Eu o olhava como alguém que era maior do que eu. E ele, o papa, se colocava diante de mim como o menor. Para servir. Eu tão próximo do amor, não consegui abrir o coração para sentir o amor verdadeiro, puro e doador. Eu, um ilustre desconhecido me sentindo o maior dos maiores. Mesmo sem ninguém perceber. Eu não cabia em mim. E nem percebi que estava perdendo a chance de aproveitar tudo aquilo que estava acontecendo.

Não percebi que escapava a chance de "beber da fonte" da humildade e do serviço. Eu tinha a oportunidade de ouvir suas homilias, de contemplar pequenas ações de um homem que, apesar do cansaço aparente, tinha muito vigor em sua alma e, sobretudo, muito amor em seu coração para repartir com seu povo. Papa João Paulo II transbordou-se. E quem esteve ali no encontro com as famílias sentiu isso.

* * *

O início do velho caminho

Depois de tudo o que aconteceu, a vida precisava continuar. Afinal, eu me sentia movido a continuar. Hoje tenho certeza de que meus motivos eram bem mais egoístas do que o chamado a serviço do outro.

Após os eventos em razão da visita do Santo Padre, recebi um convite da rádio Catedral FM do Rio de Janeiro para gravar um CD solo. Isso significaria me desligar da Comunidade Bom Pastor, deixar a banda e começar a caminhar sozinho. As pessoas me diziam:

"Você cantou para o Papa!"

"Você agora é o cantor do Papa!"

E com essas afirmações segui em frente tornando uma escolha aparentemente fácil em um caminho muito difícil.

O produtor do disco me incentivava muito. Dizia que eu tinha uma ótima voz e que eu tinha "muita unção" quando falava. E também que eu poderia certamente fazer sucesso cantando música cristã. Naquela época, havia pouquíssimos artistas católicos com algum reconhecimento na mídia secular. O produtor citou logo de cara o que eu mais conhecia. Ele disse: "Depois de cantar para o Papa, você será o próximo Padre Zezinho!"

Agora estou rindo ao reler o que escrevi, afinal a frase acima define muito bem o tamanho da minha pretensão. Mas no dia em que ouvi isso, não foi nada engraçado. Eu acreditei no que aquele produtor havia dito. Ele estava no papel dele. Fez um convite, ouviu uma resposta e precisava colocar em meu coração todo o incentivo possível para que eu desempenhasse o melhor de mim. E ele conseguiu.

Nesse dia, o produtor também sugeriu que eu usasse um "pseudônimo artístico", afinal, eu precisaria estampá-lo na capa do meu disco solo.

Quando pediu minha sugestão, soltei um relutante "sei lá". Realmente nunca tinha ligado para isso. Chamavam-me de Fred e algumas composições eu havia registrado com meu primeiro e último nome: Frederico Pacheco. Não era uma preocupação, porque até então as pessoas que me conheciam de alguma forma sabiam que eu era o "Fred da Comunidade Bom Pastor". Então ele perguntou meu nome completo.

"Eu me chamo Frederico Augusto Cruz Pacheco", disse como alguém que preenche um cadastro em uma loja.

Ele pensou um pouco e, em seguida, fez um sinal positivo com as mãos e respondeu como quem acerta um dardo na mosca:

"Daqui em diante você vai se chamar Frederico Cruz", disse em tom quase solene. E completou dizendo que o nome não poderia ser mais "católico".

Apesar de achar que ele estava sendo um pouco irônico, concordei com minha nova identidade. E eu me senti pronto. Com uma "nova identidade" que vestia como um uniforme mental capaz de me encorajar a ir ao mundo pregar o evangelho. Mas que evangelho? Como poderia ir longe se minhas motivações eram egoístas e cheias de vaidade? Eu não sabia disso ainda.

Não percebia. Eu só queria sair por aí cantando e falando das coisas que eu achava que sabia sobre Deus. E eu achava que sabia muito. Tudo vaidade.

Por estar na frente, pregando e cantando, eu achava que já tinha tudo pronto para replicar uma mensagem de transformação. Uma mensagem que deveria ser capaz de transformar vidas. Mal sabia que primeiro eu precisaria deixar que essa "palavra" tocasse o meu coração e transformasse a minha vida. Não que eu devesse ser privilegiado, não é isso. A questão é que: se eu não for tocado pelo amor, não conseguirei falar do amor. Posso até tentar, mas não será (como não foi) convincente. Somente é possível convencer alguém quando se tem uma experiência real com o que queremos expressar.

Capítulo 6

EM BUSCA DA HERANÇA DO PAI

Na minha cabeça, tinha tudo para dar certo! Meu sonho finalmente iria se realizar e eu iria "viver de música"! E viveria cantando e tocando música cristã! Não é incrível?! Eu realmente fiquei muito entusiasmado com o fato de poder fazer as coisas do jeito que eu achava que deveriam ser.

Mas eu ainda estava ligado à Comunidade Bom Pastor. Era vocalista da banda Bom Pastor e tinha compromissos por lá. Eu tinha feito um compromisso de aliança e obediência com a comunidade, e isso precisava ser rompido unilateralmente. Então tomei a decisão de ir até a comunidade para selar esse rompimento.

Enquanto ia até lá, eu até tentava deixar a coisa mais leve na minha cabeça, buscando justificativas para o ato que ia cometer. Dizia para mim mesmo que seria "apenas" um pedido de licença para que minha vontade se realizasse. Mas não era isso. O rompimento que eu estava propondo era com tudo o que eu tinha vivido e aprendido na Comunidade Bom Pastor. Era algo muito mais profundo em meu coração. Eu ainda não tinha consciência do tamanho da ferida que eu estava abrindo.

Antes de continuar, creio que seja importante conceituar a palavra "comunidade". Isso para que todos tenham uma noção mais precisa da importância dela no contexto que narrarei adiante. A palavra comunidade tem origem no termo latino *communitas,* cujo conceito refere-se à qualidade daquilo que é comum. Na bíblia temos no livro dos Atos dos Apóstolos, Capítulo 4, versículos 32 a 35 o que podemos chamar de origem da comunidade cristã:

A multidão dos fiéis era um só coração e uma só alma. Ninguém considerava suas as coisas que possuía, mas tudo entre eles era posto em comum.

Com grande poder, os apóstolos davam testemunho da ressurreição do Senhor Jesus, e sobre todos eles multiplicava-se a graça de Deus.

Entre eles ninguém passava necessidade, pois aqueles que possuíam terras ou casas as vendiam, traziam o dinheiro e o depositavam aos pés dos apóstolos. Depois, era distribuído conforme a necessidade de cada um.

É maravilhoso imaginar um lugar onde conseguíamos sentir que, de fato, os corações eram um só. Agiam em favor e na direção de um só coração.

Corações comprometidos com o coração de Jesus. Com o coração do Bom Pastor. Aquele que acolhe mesmo o coração mais ferido ou petrificado e o devolve reconstituído e purificado, conforme nos aponta também na sagrada escritura o versículo 19, do Capítulo 11 do livro de Ezequiel:

Eu lhes darei um só coração e infundirei neles um espírito novo. Extrairei do seu corpo o coração de pedra e lhes darei um coração de carne.

Assim, todos os que buscavam a dinâmica de viver o carisma da Comunidade Bom Pastor se sentiam com um coração renovado e transformado a cada dia.

* * *

Continuar sozinho

Chegando na Comunidade Bom Pastor, pedi um minuto para conversar com a Dóris, nossa fundadora. Ela aceitou gentilmente. Dóris sempre foi extremamente carinhosa e generosa. Levou-me até uma sala que ficava próxima à capela. Rezamos um pouco e em seguida começamos a conversar.

Eu não me lembro de ter conseguido olhar diretamente em seus olhos. E é interessante como a falta de paz nos desencoraja a levantar a cabeça. É um esforço enorme, porque o orgulho pesa mais do que nossa boa intenção.

Depois de rodear um pouco, consegui dizer:

"Dóris, quero sair da banda Bom Pastor e da Comunidade. Preciso desse tempo. Preciso continuar sozinho, alçar voos mais altos. E penso que estando envolvido com os compromissos da comunidade e da banda não vou conseguir 'atingir todos os corações' da forma que acho que posso atingir. Acho que Deus me deu dons especiais e entendo que não devo menosprezá-los ficando isolado, servindo apenas a uma comunidade."

Disse com tom formal, mas que agora soa muito irônico. Eu realmente achava que Deus estava falando comigo.

Ela ficou em silêncio, apenas me olhando com carinho, enquanto tentei entender o que se passava na cabeça da Dóris. Eu, um filho da comunidade estava dizendo que ali não era mais o meu lugar e que o "meu talento" precisava ser visto por outras pessoas. Que *eu precisava* ir mais longe. Onde eu realmente queria chegar? Qual sentimento real me movia?

Quando colocamos uma "coisa na cabeça" temos a coragem de ao menos nos questionarmos se estamos realmente fazendo a coisa certa?

Antes de continuar a história, penso antes ser necessário refletirmos um pouco sobre o ato ocorrido na conhecida parábola do filho pródigo, narrada no Evangelho de São Lucas quando ele diz para seu pai que deseja sua parte na herança para seguir o seu caminho sozinho. Essa linda parábola contada por Jesus foi narrada no Evangelho de São Lucas, Capítulo 15, versículos 11 a 32:

E Jesus continuou. "Um homem tinha dois filhos.

O filho mais novo disse ao pai: 'Pai, dá-me a parte da herança que me cabe'. E o pai dividiu os bens entre eles.

Poucos dias depois, o filho mais novo juntou o que era seu e partiu para um lugar distante. E ali esbanjou tudo numa vida desenfreada.

Quando tinha esbanjado tudo o que possuía, chegou uma grande fome àquela região, e ele começou a passar necessidade.

Então, foi pedir trabalho a um homem do lugar, que o mandou para seu sítio cuidar dos porcos.

Ele queria matar a fome com a comida que os porcos comiam, mas nem isto lhe davam.

Então caiu em si e disse: 'Quantos empregados do meu pai têm pão com fartura, e eu aqui, morrendo de fome.

Vou voltar para meu pai e dizer-lhe: Pai, pequei contra Deus e contra ti;

já não mereço ser chamado teu filho. Trata-me como a um dos teus empregados'.

Então ele partiu e voltou para seu pai. Quando ainda estava longe, seu pai o avistou e foi tomado de compaixão. Correu-lhe ao encontro, abraçou-o e o cobriu de beijos.

O filho, então, lhe disse: 'Pai, pequei contra Deus e contra ti. Já não mereço ser chamado teu filho'.

Mas o pai disse aos empregados: 'Trazei depressa a melhor túnica para vestir meu filho. Colocai-lhe um anel no dedo e sandálias nos pés.

Trazei um novilho gordo e matai-o, para comermos e festejarmos.

Pois este meu filho estava morto e tornou a viver; estava perdido e foi encontrado'. E começaram a festa.

O filho mais velho estava no campo. Ao voltar, já perto de casa, ouviu música e barulho de dança.

Então chamou um dos criados e perguntou o que estava acontecendo.

Ele respondeu: 'É teu irmão que voltou. Teu pai matou o novilho gordo, porque recuperou seu filho são e salvo'.

Mas ele ficou com raiva e não queria entrar. O pai, saindo, insistiu com ele.

Ele, porém, respondeu ao pai: 'Eu trabalho para ti há tantos anos, jamais desobedeci a qualquer ordem tua. E nunca me deste um cabrito para eu festejar com meus amigos.

Mas quando chegou esse teu filho, que esbanjou teus bens com as prostitutas, matas para ele o novilho gordo'.

Então o pai lhe disse: 'Filho, tu estás sempre comigo, e tudo o que é meu é teu.

Mas era preciso festejar e alegrar-nos, porque este teu irmão estava morto e tornou a viver, estava perdido e foi encontrado."

Essa passagem é linda não é mesmo? Há muitos elementos no texto que saltam aos olhos e nos convidam a fazer uma análise aprofundada.

A primeira pergunta que me fiz ao ler esse texto foi: Quando é que o filho tem direito à herança de seu pai?

É natural que a resposta seja: "Quando o pai morre".

Sem entrar em preciosismos jurídicos, afirmo que esta seria uma resposta correta. Mas nessa história, nessa parábola, o pai decide dar a parte da herança ao filho mesmo estando vivo. Os dois seguem seus caminhos. Por que o filho aceita a parte da herança? Porque naquele momento da sua decisão unilateral ele "mata" o próprio pai em *seu* coração. Isso mesmo. Quando o filho toma a decisão de usar do seu jeito a *herança* que ainda era do pai, o maior tesouro do pai, da forma que melhor lhe convinha, ele decide *matar* os desejos, os sonhos, e, sobretudo o *querer* do pai em sua vida e em seu coração. Nada mais importa a ele. Somente a decisão de sair e cultivar o egoísmo de sua própria decisão.

Cheguei à conclusão que era exatamente isso que eu estava fazendo com a Dóris e com a Comunidade Bom Pastor. Eu estava "matando" o carisma da comunidade em meu coração e de alguma forma renegando a história que construí com eles para começar um novo caminho, mas de forma egoísta e desordenada.

A segunda pergunta que me fiz foi: por que o filho pródigo não pensou na possibilidade de fracassar? Ele tinha certeza de que o pai o acolheria novamente se desse tudo errado? Isso eu creio que seja impossível saber.

Enfim, depois que terminei minhas justificativas, emendei em voz quase inaudível, mesmo já estando convicto que eu não queria ouvir nada que não fosse condizente com a minha vontade:

"O que você acha?", perguntei a ela.

Mais um breve silêncio. Parece que podia ver a dor que ela sentia em seu coração. Mas como Dóris sempre foi uma mulher que se manteve firme por meio da oração e de uma conduta doce, íntima e visível com o Senhor, apesar da notícia um tanto alarmante até para ela, a paz ainda prevalecia em seu rosto.

* * *

Um choro de morte

Faço novamente um paralelo usando a mesma parábola do filho pródigo do Evangelho de São Lucas. Tente imaginar um pouco a dor que esse pai da parábola sentiu quando o filho mais novo lhe pediu a herança. No exato momento em que ele fez o pedido. Ao lermos o diálogo do pai com seu filho mais velho, podemos ter a certeza de que ele sentia uma grande tristeza pela falta de seu outro filho. *Mas era preciso festejar e alegrar-nos, porque este teu irmão estava morto e tornou a viver, estava perdido e foi encontrado.*

Aqui conseguimos ter uma noção mais clara de quanto o pai *chorou* no momento da partida de seu filho. Foi um choro de *morte*. Sobre a morte de alguém que mesmo estando vivo não permite mais que a *vida* permaneça na relação entre os dois. Há um impedimento, uma decisão única e monocrática. É uma decisão injusta e cruel, porque não permite ao outro opinar. Apenas consentir.

Percebi que também estava fazendo isso com a Comunidade Bom Pastor. Especialmente com a Dóris. Ao abrir meu coração para dizer que eu não queria mais fazer parte da banda Bom Pastor, e, consequentemente, da comunidade, eu estava sendo injusto também. Principalmente porque eu tinha um compromisso de aliança com aquela comunidade. Com seu carisma, com seu formato, com seu núcleo. Era um compromisso de amor, mas também exigia renúncias e cumprimento de algumas regras importantes que somente estão dispostos a viver aqueles que de alguma forma têm a alegria de uma experiência forte de aliança com uma comunidade cristã.

A busca da paz não encontrada

Depois de um momento de silêncio, insisti:

"Dóris, o que você acha da minha saída?"

Eu esperava ouvir algo como:

"Fred, por favor, não vá! Você é muito importante para a banda Bom Pastor, afinal é o primeiro e principal vocalista! Nós precisamos de você!"

Mas não foi isso que ouvi. Ela disse:

"Filho, como está seu coração? O que passa por ele agora?" Eu não entendi bem a pergunta e retruquei:

"Por que, Dóris?" E ela finalizou:

"A resposta está no *seu* coração. Se você sentir a '*paz* que vem do *céu*', esta será a *resposta*. Não quero lhe dizer que vá ou que fique. Apenas rezo para que você consiga ouvir o que Deus tem para lhe dizer."

No *meu* coração *contaminado* pela ansiedade e pelo orgulho, era um chamado nítido, afinal eu estava saindo da banda para gravar um disco *solo*. E isso tudo depois de ter recebido um *convite*. Então, era a resposta de Deus! Eu sabia que era (ou achava que sabia)! Pelo menos tinha certeza de que Deus estava falando comigo por meio daquele convite, que implicaria na minha saída da Comunidade Bom Pastor.

* * *

A escolha ruim

Refletimos mais um pouco: não é possível ouvir o que Deus tem para nos dizer se estivermos com o coração cheio de atribulações. Não há como achar um brinquedo perdido no quintal se a grama estiver feia e descuidada. Se a grama estiver muito alta, não conseguiremos achar nada. E era assim que meu coração estava, perdido em meio a uma crise de orgulho e extrema vaidade.

Eu traía a confiança daqueles que intercediam pela minha missão como evangelizador. Eu virava as costas para meus irmãos de comunidade, que todos os dias colocavam seu coração unido ao meu em direção ao céu. Eu abria mão do meu compromisso de aliança. Eu não quero aqui dizer que ninguém pode mudar ou fazer escolhas. Não é isso. O problema está na motivação da escolha. A minha era movida pelo orgulho, pela vaidade. Portanto, se a motivação for ruim, certamente sua escolha também será.

Capítulo 7

UMA FLOR QUE NASCE NO DESERTO

Deixei a Comunidade Bom Pastor com o coração destruído. Na verdade, estava tudo muito confuso. Eu deveria me sentir aliviado, afinal, a partir daquele momento eu estava livre para gravar meu CD solo e alçar os tais "voos altos" com que tanto sonhava.

Mas não era esse o sentimento mais forte. Eu me sentia triste. Havia um sentimento de culpa que não me deixava em paz. Onde estava a paz que a Dóris disse que eu ia sentir? Era essa a resposta de Deus? Era para eu estar feliz porque daria início ao meu caminho, sem ninguém para dizer como e quando eu deveria cantar, ou como deveria viver minha fé. Eu ia tomar conta de tudo. Eu ia gastar o meu tesouro, a minha herança, a minha vida e o meu cantar da forma como achava mais correta.

E por que eu me sentia culpado? Será que eu não sabia o que estava fazendo? Será que era apenas um impulso? Eu já tinha tido contato suficiente com a palavra de Deus para dizer que o caminho era o correto e ponto final. Mas havia uma ignorância pulsante que determinava meu comportamento. Não posso simplesmente me justificar a partir dela. Mas reconhecê-la hoje me dá ao menos instrumentos para evitar outra queda. Bom, ao menos pelo mesmo motivo, é claro...

O Catecismo da Igreja Católica afirma, em seu parágrafo 1782: "O homem tem o direito de agir com consciência e liberdade, a fim de tomar pessoalmente as decisões morais".

Agi com liberdade. É verdade. Todos nós podemos e precisamos ser livres para tomar nossas decisões. Mas é importante que tenhamos consciência de que todas as decisões e passos que tomamos geram consequências. E se nossas decisões forem tomadas com base em um juízo errado, as consequências dos atos responderão nas mesmas medidas.

Ainda no Catecismo da Igreja, agora em seu parágrafo 1790: "O ser humano deve sempre obedecer ao juízo certo de sua consciência. Se agisse deliberadamente contra este último, estaria condenando a si mesmo. Mas pode acontecer que a consciência moral esteja na ignorância e faça juízos errôneos sobre atos a praticar ou já praticados".

Eis a questão. A ignorância pode realmente intervir maleficamente para desvirtuar nosso conceito sobre o que podemos chamar de "juízo correto" das coisas.

Entretanto ainda há um agravante e que creio ser importante mencionar. No parágrafo seguinte, 1791, o Catecismo completa: "Muitas vezes esta ignorância pode ser imputada à responsabilidade pessoal. É o que acontece 'quando o homem não se preocupa suficientemente com a procura da verdade e do bem, e a consciência pouco a pouco, pelo hábito do pecado, se torna quase obcecada'. Neste caso, a pessoa é culpável pelo mal que comete".

Logo, eu estava motivado pelo pecado. E cada vez mais acreditando que não era errado pensar somente em mim ou no "pseudossucesso" que eu queria alcançar. Com base nessa "verdade", tomei a decisão de machucar algumas pessoas achando que estava justificado por um sentimento que entendia ser bom. Então, hoje respondo com clareza: o sentimento de culpa era gerado pelo pecado que habitava em mim, mesmo sem que eu tivesse consciência de que estava vivendo a condição do pecado. As sequelas do erro se ramificam e causam suas dores, e somente o perdão e a transparência são capazes de curar as feridas que foram abertas.

Então, posso afirmar, mesmo sem ter tido a clareza no momento, que a maior tristeza que eu sentia era o conflito interno entre o meu desejo em realizar as coisas do meu jeito e a necessidade de retornar e ser obediente e grato por tudo que eu havia aprendido e recebido da comunidade que me acolheu e me formou. Eu decidi seguir em frente e não voltar atrás. Sozinho.

Assim, eu aceitei o convite para gravar meu disco solo, chamado *Primeiro Encontro* com o pseudônimo artístico Frederico Cruz.

O disco produziu frutos, é claro! Eu percebia que as pessoas que o ouviam eram tocadas por algumas canções. Mas era absoluta misericórdia de Deus. Ele tirou o melhor do meu pior. E por Sua vontade e Graça os corações foram atingidos. Contudo, eu não me contentava com isso. Eu queria mais. Minha meta era ficar famoso, vender muitos discos, cantar nas televisões. Meu coração estava repleto desse desejo, porém meu discurso era bem diferente. Era farisaico e carregado de falsa modéstia.

Eu dizia para mim e para todos que eu estava servindo a Deus. Era o que eu mais dizia. Durante alguns eventos, missas ou grupos de oração dos quais participei para divulgar o disco, eu dizia que era um "cantor católico" que fazia músicas para Deus. Era o "cantor do Papa".

Eu acreditei nisso. Só que quando optamos pelo caminho do pecado, sabemos que o salário é a morte. Enquanto eu vivia um caminho de orgulho e vaidade, os eventos e pedidos para shows começaram a diminuir. As pessoas pararam de me convidar para cantar e o deserto chegou. Fui lançado a um deserto profundo. De esgotamento mental e ostracismo artístico.

O mais interessante é que ao mesmo tempo em que comecei a ser esquecido pelo público católico, a banda Bom Pastor passou a ter um papel muito importante na evangelização do Brasil. Assim que eu saí da banda, eles gravaram o primeiro CD (eu fiz apenas uma participação especial) e começaram a viajar pelo Brasil em turnês acompanhando o então padre Zeca em seus shows e também em sua própria turnê.

Em um dos vários momentos em que fiquei revoltado com Deus eu pensei:

Claro que o problema sou eu! Deus somente deixou que a banda ficasse famosa depois que eu saí!

Vejam que até no momento da revolta eu era a presunção em pessoa! Até para reclamar eu era orgulhoso e vaidoso.

Hoje eu vejo que Deus realmente estava à frente de tudo. Não que a minha saída fosse fundamental para que a banda Bom Pastor partisse para uma missão mais ativa em termos de agenda. Mas sem sombra de dúvidas, minha presença no meio deles era como uma laranja podre pronta para contaminar as demais laranjas na fruteira. Hoje estou certo de que Deus estava protegendo tudo.

* * *

Servindo o inimigo

Era Deus agindo. Não há dúvidas. Para aqueles que respondem ao seu chamado com obediência e zelo, Ele responde e concede a recompensa no tempo certo. Como diz o trecho de uma canção linda do cantor e pregador católico Eugênio Jorge (inspirada na passagem bíblica do Evangelho de São Lucas, Capítulo 16, versículo 10): "Se sou fiel no pouco, Ele me confiará mais".

A meu ver, Deus de certa forma havia "recompensado" meus companheiros da banda Bom Pastor no tempo certo, porque eles estavam preocupados em servir a Deus e não a si próprios. Hoje costumo dizer em minhas palestras que vivi um tempo em que estava "servindo ao diabo" *dentro* da igreja, cantando para Deus. É estranho. Parece contraditório. Mas foi real.

Na medida em que escolhi fazer as coisas do meu jeito, cantar o que eu queria e não me submeter a ninguém, nem mesmo às questões mais básicas da minha fé, o que eu cantava não saía do coração de um servo de Deus. Minha boca falava do que meu coração estava cheio. Mesmo com palavras de amor proferidas, elas eram superficiais porque não atingiam *primeiro* o meu coração. Um servo de Deus, um ministro de música cristão, precisa ter a ciência de que o ouvido mais próximo de sua boca é o seu! Portanto, o louvor que chega ao céu precisa passar primeiro pelo seu ouvido e chegar ao seu coração. Não estou dizendo que precisamos ser absolutamente puros para cantar para Deus ou para servi-Lo onde quer que seja. Não é isso. Somos pecadores e imperfeitos, e Deus sabe disso. É exatamente reconhecendo essa condição que nos colocamos a serviço Dele, sobretudo com nossa canção. Quando digo que nada sou e que sem Deus sou pequeno, repito a afirmação de São Paulo em 2

Coríntios, Capítulo 12, versículo 10 que nos ajuda a seguir na palavra: "Pois, quando sou fraco, então sou forte".

É isso. Se somos servos inúteis, como jarros vazios, abrimos espaço para Deus agir e fazer o milagre primeiro em nós. Mas para deixá-Lo agir em nós, é preciso confiar Nele. Você confia em Deus? Como faz para "demonstrar" essa confiança para Ele?

Por exemplo, às vezes penso que preciso agir com Deus assim como minha filha Valentina age comigo quando estamos brincando na piscina. Se ela está na borda e diz que vai pular na água, ela apenas diz em alto e bom som:

"Paieeee, vou pulaaaaar, me seguuuuuuuraaaa..."

E sem terminar a frase já estou eu pronto e seguro para retirá-la da água antes de um afogamento. Ela confia plenamente em mim, sabe que vou ampará-la. Ela pula porque me conhece. Porque sabe (e sobretudo sente) que sou responsável por ela.

Frei Raniero Cantalamessa fala em seu livro *A vida em Cristo*:

> É-nos possível, portanto, confiar no Pai! Esta é a certeza em cujo encalço andávamos

e da qual precisávamos. O amor paterno de Deus é a única coisa inabalável na vida, o autêntico fulcro de Arquimedes, como disse alguém que o experimentou. Caso se dê a uma criança a certeza de que seu pai a ama, faz-se dela um ser seguro de si, capaz de enfrentar a vida. Uma criança que vai passear segura pela mão do pai, ou que o pai faz girar à própria volta entre exclamações de júbilo, ou que conversa com o pai de homem para homem, é a criatura mais feliz e livre do mundo.

Não é maravilhoso? É isso que torna tudo tão concreto. Um amor confiante é um amor que conhece todas as potencialidades. Eu só posso confiar se conheço. Você conhece seu Pai? Conhece a Deus?

* * *

A ENTRADA NO DESERTO

Na medida em que eu não abria este espaço porque "meu jarro" estava cheio de orgulho, que é o maior dos pecados, não havia espaço para Deus agir.

E Ele não nos viola. Não nos corrompe. Ele permite que tomemos as decisões ao nosso modo. E um cantor que decide cantar as alegrias de Deus precisa primeiro decidir cantar para o Deus das alegrias.

E o meu deserto aconteceu. Fui esquecido. Estava vazio e me impedindo de ser abastecido pelo amor de Deus. Vivi o auge da minha humanidade. Os piores sentimentos se formaram e percebi o quanto eu era realmente frágil. O quanto minha fé era frágil. O quanto eu estava despreparado e desprotegido. As mazelas humanas foram aparecendo aos poucos e, como feridas que crescem quando não são tratadas, elas tomaram uma forma aterradora em mim. Fui atormentado pelo diabo nesse deserto. Eu chorava todos os dias. Não sentia vontade de sair de casa. Não queria ver os amigos, não queria pisar na igreja. Sentia inveja do meu irmão Marcio que estava viajando com a banda Bom Pastor. Eu sentia uma sensação de secura, de vazio, que muitas vezes tentei minimizar com bebidas e cigarros. Como alguém que quer cuspir no rosto de alguém que lhe fez mal. Sentia-me perdido nesse deserto que eu mesmo criei dentro de mim.

* * *

Senti raiva de Deus

Hoje eu percebo que um período de deserto na vida pode ajudar, se vivido da forma correta. Se conseguirmos parar diante da correria do dia a dia para repensar a vida e, principalmente, nos encontrarmos com Deus. Mas esse deserto que vivi não foi assim. Para mim foi um período terrível. Tive raiva de Deus. Fiquei revoltado porque me sentia desprestigiado. Como Deus havia me esquecido aqui? Logo eu que tinha servido a Ele por tanto tempo?

Mas essa pergunta tem uma resposta que não gosto de dar. Eu pensava que servia a Deus, porém eu servia a mim e ao inimigo de Deus. Aos meus desejos, ao meu coração egoísta. E o diabo gosta disso. Ele se aproveitou disso e me derrubou. Ele riu de mim.

Decidi me afastar de tudo. Deixei de frequentar até as missas. Eu pensava mais ou menos assim:

Se Deus não me quer, eu também não O quero!

Orgulho puro. Envenenando ainda mais meu coração. O diabo fez a festa em cima do meu ponto fraco. E eu caí.

* * *

Um tempo terrível

Foi um tempo terrível. Eu me afastei de tudo e de todos. Não queria mais ficar perto de nada que me lembrasse de música, especialmente a música cristã. Como mencionado, até as missas eu deixei de frequentar. Estava revoltado e me sentindo desprezado. Não via mais sentido em servir, pois "meu dom" não estava sendo solicitado. Se o meu talento não era reconhecido, não fazia sentido eu participar de outra forma.

Somente muito tempo depois eu consegui enxergar a importância desse deserto para minha recuperação. Eu briguei muitas vezes com Deus. Queria que ele mostrasse Seu amor por mim. Mas não era uma relação madura. Era uma relação de troca a que eu tinha com Deus. Ou seja, eu dizia a Ele que somente ficaria feliz e voltaria a caminhar na Igreja se Ele me desse o sucesso que eu esperava ter como cantor cristão. Mais ou menos como a criança mimada que só vai parar de chorar se o pai devolver o brinquedo.

* * *

O convite

Um dia o telefone tocou. A Ana, hoje minha esposa, que na época era minha namorada, atendeu. Era o padre Zeca fazendo um convite. Ele disse:

"Estou começando um pequeno grupo de oração no subsolo da paróquia da Ressurreição e gostaria de saber se o Fred gostaria de vir aqui ajudar no grupo. Não é um grupo grande. Cerca de vinte a trinta pessoas mais ou menos", ressaltou.

Ela agradeceu o convite, desligou o telefone e me contou. Ana sempre foi muito cuidadosa comigo. O mais bonito da nossa relação (e sempre foi assim) é que ela não é de ficar "passando a mão na cabeça". Ela é direta e objetiva. No tempo do "meu deserto" ela nunca ficou me adulando. Ela rezava por mim e respeitava minha decisão. Foi no colo dela que chorei muitas vezes. Ela ouvia e me abraçava. Sem muitas palavras. Tenho certeza de que Deus a usou para ser um anjo ao meu lado nesse tempo. Ela permaneceu comigo, sem alimentar minhas frustrações. Apenas permaneceu, sofreu comigo e rezou por mim.

Mas voltemos à ligação do padre Zeca. Assim que ela me contou o que eles tinham conversado, fiz uma cara feia e disse que não estava afim de voltar a grupo algum. Ela me disse com carinho:

"Vamos até lá, não custa nada. Vamos conhecer ao menos", disse ela, com carinho e esperança.

E lá fomos nós.

* * *

Tríade

Era domingo e o sol escaldante do Rio de Janeiro já ia embora quando fomos à paróquia da Ressurreição. Após uma missa absolutamente lotada, nós fomos ao subsolo da igreja. Era literalmente um subsolo. Poucas luzes, porque não havia janelas amplas. Algumas pessoas reunidas esperando o padre Zeca chegar e eu pensando:

O que estou fazendo aqui? Vou tocar e cantar para meia dúzia de gatos pingados?

Logo eu que estava acostumado a cantar em grupos de oração que lotavam! Eu que estava acostumado com missas cheias! Logo eu o "cantor do Papa", como poderia fazer o meu retorno triunfal se ninguém me reconhecesse? Pensei, ainda enrolado no manto de soberba...

Ainda estava mergulhado no deserto e na vaidade. Estava brigado com Deus. Aceitei o convite, mas na verdade eu queria ser reconhecido pela minha experiência e pela minha capacidade de ministrar a música e a palavra de Deus.

Assim que chegamos, o padre Zeca me viu e, com um sorriso que não cabia no rosto, me abraçou dizendo:

"Meu filho, que bom que você está aqui. Que bom que você veio. Deus estava esperando você!"

Eu não entendi sua afirmação. Não esperava nada daquele grupo, daquelas pessoas. Não era o que eu queria para poder desempenhar o que eu concebia como o *meu* melhor. Mas agradeci ao convite, um pouco desajeitado, e permaneci onde estava ainda sem saber o que iria acontecer.

Foi quando vi um rapaz usando um par de muletas vindo em minha direção. Era o Augusto, hoje meu parceiro na banda DOM. Na ocasião ele fazia parte da banda Ressurreição e era o coordenador do ministério de música, responsável pelas missas com o padre Zeca e pelo que entendi na época, também havia ficado responsável pelo grupo que estava começando. Ele se aproximou e com um pouco de formalidade me recebeu dizendo: "Olá, Fred, seja bem-vindo. Aqui não temos muita estrutura, mas faremos o melhor que pudermos, viu?".

Ele me recebeu de forma muito educada, mas meio sem jeito, como quem é pego de surpresa. O padre não tinha avisado que eu iria. Então ele ia ter que improvisar. O Augusto sempre foi atento aos detalhes. Sempre gostou de fazer o melhor que podia. Eu aprendi muito com ele ao longo desses anos. E ali, naquele grupo, percebi que pela falta de recursos ele parecia um pouco decepcionado com a impossibilidade de montar um som bacana para acompanharmos o grupo de oração que se chamava Tríade.

PARTE 3

A VOLTA DO FILHO PRÓDIGO

Capítulo 8

O ANJO E O ARADO

Não havia uma banda para conduzir a noite de oração. Era apenas o Augusto com seu violão e um microfone para uma cantora. Ela se chamava Simone.

Ao me apresentar para ela, Augusto disse quase em tom solene:

"Simone, o Fred está aqui e nos ajudará hoje no grupo de oração."

Ela respondeu prontamente:

"Que bom, meu irmão! Seja bem-vindo!"

O Augusto percebeu que ela não tinha a menor ideia de quem eu era e completou:

"Simone, ele é o Frederico Cruz, e ele veio nos ajudar. Você não sabe quem é ele?", completou.

Acho que não era intenção de sua parte, mas ao menos para mim soou como se ele quisesse chamar sua atenção para uma presença ao menos "inusitada" no contexto do grupo.

E ela, sem pensar muito, sem tirar o sorriso do rosto, com os olhos firmes em direção aos meus, disse carinhosamente e sem constrangimento:

"Não, eu não o conheço. Mas repito, seja muito bem-vindo ao nosso Grupo de Oração! Você pode compartilhar o meu microfone, se quiser. Pode olhar este folheto para acompanhar as canções que iremos cantar nesta noite. E se houver alguma canção que você não conheça, estarei aqui para lhe ajudar".

No folheto ao qual ela se referia, havia canções que eu havia feito ou ajudado a fazer. "Seu amor é demais", "Recomeçar" e tantas outras que eu já estava mais do que acostumado a cantar em grupos e missas.

E ali, Simone não me reconheceu. Não sabia quem eu era. Na verdade, pouco importou para ela o meu passado, ou por onde andei ou o que eu já havia composto. Ela viu meu coração. Recebeu-me sem reconhecer o homem velho e pecador. Não me julgou nem tampouco me exaltou. Não me deu nada além do sorriso e a capacidade de me ajudar sem muito saber sobre mim.

* * *

Noite maravilhosa

E ali Deus me atingiu novamente. Abriu meus olhos como alguém que arranca um véu que impede a visão do céu. Senti-me tocado como aquele cego que foi tocado pela mão do Cristo, citado no Evangelho de João, Capítulo 9, versículos de 1 a 7:

Jesus ia passando, quando viu um cego de nascença.

Os seus discípulos lhe perguntaram: "Rabi, quem pecou para que ele nascesse cego, ele ou seus pais?".

Jesus respondeu: "Nem ele, nem seus pais pecaram, mas é uma ocasião para que se manifestem nele as obras de Deus.

É preciso que façamos as obras daquele que me enviou, enquanto é dia. Vem a noite, quando ninguém poderá trabalhar.

Enquanto estou no mundo, sou a luz do mundo".

Dito isso, cuspiu no chão, fez barro com a saliva e aplicou-a nos olhos do cego.

Disse-lhe então: "Vai lavar-te na piscina de Siloé" (que quer dizer: Enviado). O cego foi, lavou-se e voltou enxergando.

Um ato acolhedor de um anjo que me devolveu a dignidade de filho, não pelo que eu havia construído ou destruído nos meus tempos de ministério de música na banda Bom Pastor, ou sozinho como o Frederico Cruz. Não.

Ali a Simone viu apenas uma pessoa. Um filho de Deus. Um irmão. Um igual.

E eu fui tocado pelo seu carinho quase anônimo. Que me olhou sem ver o que eu poderia lhe ofertar. Como mencionei, ela ainda me ofereceu ajuda! Isso mesmo! Ela disse que se eu não conhecesse alguma música, ela estaria ali para me auxiliar. Meu Deus, como foi bom comigo!

A noite? Foi maravilhosa. O grupo estava começando e realmente não havia ali naquele salão mais do que trinta pessoas. E daí? Não importava mais. Não naquele dia.

Ministério de música como eu conhecia ou esperava? Como eu disse, não havia. Éramos três. Um violonista talentoso com um violão "microfonado". Uma cantora dócil e esforçada. E eu. O sujeito que precisou jogar toda sua bagagem e arrogância musical fora porque ali ela não tinha sido solicitada.

Éramos os três com uma caixa pequena para um violão e um microfone. E Deus agiu. Agiu muito com pouco.

* * *

Para plantar é preciso arar

Você pode imaginar que depois desse dia tudo voltou a ser como era antes, nos tempos em que eu era "o cara", ou que eu me achava "a bolacha mais importante do pacote". Afinal de contas, eu havia retornado para um grupo de oração e havia dado um passo firme para me reconciliar com Deus. Pois bem. Eu me voltei para Deus e disse:

"Obrigado, Deus, por me receber de volta! Estou pronto para servi-Lo de novo! Eis-me aqui!"

A minha expectativa era altíssima. Achei que ali era um verdadeiro recomeço. E realmente foi um recomeço. Mas não como eu imaginei que seria.

Para ilustrar melhor o recomeço da minha caminhada com Deus, peço que tente visualizar um lindo campo, verde e saudável. Um fazendeiro, dono desse campo decide iniciar ali uma plantação porque sabe que o terreno é fértil e dará bons frutos. O que ele precisa fazer para colher o tão esperado fruto? Ele precisa *arar* a terra. E arar a terra significa revirar, amassar, ir no fundo. Tirar o aspecto bonito ou aparentemente bonito do campo saudável para preparar o terreno onde será lançada a nova semente. Não há como colher sem arar a terra antes! E Deus começou a arar meu coração. Aquela noite serviu apenas para que eu desse o primeiro passo para uma verdadeira reconstrução interna. Para que eu pudesse reavaliar não somente o meu caminho como cantor e ministro de música, mas o caminho que eu estava fazendo para o céu.

O primeiro passo era permitir que o arado começasse. E ia doer. E de fato doeu. Foi mais um tempo em que experimentei as demoras de Deus. Porque se eu, de fato, quisesse caminhar com Ele, eu precisaria saber que as coisas não seriam mais do meu jeito. Eu precisava me permitir ser conduzido em tudo. Somente assim minha vida e minha missão teriam sentido. A partir de uma experiência completa, Deus tiraria de mim o meu melhor segundo Sua vontade, em Seu tempo, conforme Seu desejo.

Capítulo 9

OS "NÃOS" QUE CURAM

Eu estava muito animado com o retorno às atividades musicais na igreja, apesar de que no grupo Tríade eu não conseguia cantar a plenos pulmões. E foi ali que Deus começou a falar em mim. Exatamente pelo fato de eu não poder cantar como eu gostaria. Afinal, estava ali para servir e não para ser servido. Na prática, significou ter que cantar no ritmo que o Augusto e a Simone conduziam. Não era eu quem conduzia; como era costume para mim. Eu estava ali para ser um suporte apenas. Eu não era o mais importante. Mesmo sabendo que eu tinha potencial para cantar bem e deixar o talento que eu achava que tinha falar mais alto.

Vez ou outra me peguei tendo de "reaprender" a cantar uma música que eu mesmo havia composto, ou outra que eu estava muito acostumado a cantar, porque eles tocavam de forma diferente. E isso foi uma espécie de arado também, porque eu não sentia que devia corrigi-los ou chamar a atenção deles para isso. Eu precisava calar e segui-los. Apenas fazer o que me pediam. Era um absoluto exercício de humildade para mim. Coisa que há muito tempo me faltava. Foi difícil, mas encarei a missão com determinação.

Creio que essa pequena medida me convidou a pensar em todos os momentos em que, de alguma forma, somos chamados a renunciar o que sabemos (ou achamos que sabemos) para reaprender a fazer de outro modo. É um exercício de humildade tremendo. Você já passou por isso? Já pensou em quantas oportunidades esse arado pode ser responsável em desfazer nossos terrenos fecundos em nosso coração para começar um processo de nascimento de novas experiências, sabores e expectativas? É muito comum alguém me procurar dizendo que teve uma experiência de vida com a música "Tudo é do Pai" a partir de uma vivência de combate ou enfrentamento de uma doença, por exemplo.

Como entender nesses casos que por meio dessa vivência pode ser que Deus esteja nos convidando para "arar" nosso coração? Que a partir da doença podemos ter a oportunidade de dilacerar nosso coração expondo-o em muitos casos a níveis extremos de sofrimento por conta da espera e expectativa de uma cura?

Tenho um grande amigo que viveu um momento de dor assim. Seu filho sofreu um acidente de motocicleta e teve graves lesões nas pernas. Foram muitas cirurgias e algumas sequelas. No primeiro momento, um sentimento de culpa e raiva tomou conta dele. Perguntas rondavam o tempo todo:

"Por que o deixei sair de casa? Por que o deixei comprar uma moto? Por que ele não foi cuidadoso?"

Mas qual era a real motivação das perguntas? Será que ele somente estava preocupado com o bem-estar do filho, ou também havia um sentimento egoísta em seu coração na medida em que o acidente do filho trouxe um desajuste em sua rotina familiar? O filho precisou de toda a assistência, pois trabalhava como autônomo em uma barbearia. Para trabalhar, era preciso permanecer longos períodos em pé e, no primeiro momento, isso não seria possível. Conclusão: não conseguiria se manter financeiramente, tampouco sustentar sua própria casa. O pai então o acolheu em sua casa, preparou uma cama, abrigou o filho com sua doença e suas dívidas. O primeiro impulso foi o amor. Ele é o pai e o acolheu. Mas houve a necessidade de um arado. As convicções humanas, o egocentrismo e o comodismo da vida que tinha precisaram ruir. Foi preciso entender que a partir daquela tragédia uma nova plantação poderia e deveria começar a germinar. E germinou. Esses dias encontrei esse meu amigo e perguntei sobre seu filho. E ele respondeu sobre sua vida:

"Estamos bem melhor. Foi um tempo difícil, mas conseguimos. E você nem imagina, Fred! A queda do meu filho serviu para unir ainda mais nossa família! Os irmãos começaram a visitar mais o irmão doente. E, no fim, eu era também visitado pelos meus filhos! As finanças apertaram, mas em contrapartida aprendemos a deixar o supérfluo de lado e a nos concentrar somente no necessário. E estamos vivendo! Você nem imagina o quanto gastávamos com bobagens! E agora não temos mais para gastar com bobagens, só com o essencial. E o melhor de tudo", completou, animado. "Durante esse tempo em que precisei cuidar dele, eu me reaproximei de seu coração. E ele do meu. Descobri em meio as dores, dívidas, remédios, ataduras e curativos, o quanto o nosso coração estava doído, machucado e cauterizado pelas nossas ausências e pelas nossas dispersões cotidianas."

Não é um arado? No coração onde havia uma terra criada, a situação vivida e permitida por Deus fez a terra construída se revirar e a preparou para uma nova plantação. Com um novo cuidado, a germinou e fez o fruto do amor, do perdão, da reconciliação e da unidade voltar a prevalecer.

* * *

O PRIMEIRO NÃO

Depois de algumas semanas participando do grupo, percebi que era a hora de ser mais ousado. A missa que antecedia o grupo Tríade era muito cheia, presidida pelo padre Zeca e animada pela banda Ressurreição. Eu ficava só olhando e torcendo para alguém me chamar para ajudar. Mas ainda não tinha coragem de pedir um lugar no microfone para mim.

Foi quando decidi falar com o Augusto e recebi o primeiro "não", que eu, de fato, não esperava. Ele disse que não seria justo com os demais integrantes da banda e que eu precisaria esperar um pouco mais.

Fiquei muito chateado. Pensei que pudesse ser útil ali. Pensei que Deus estivesse olhando por mim. Pensei que Ele tinha me perdoado. E tudo isso era verdade. O "não" do Augusto era parte do arado em meu coração. Eu precisaria esperar o tempo de Deus.

Transcrevo a seguir uma passagem bíblica que até hoje me ajuda muito a perceber que não sou dono do meu tempo, e que "sofrer as demoras de Deus" pode ser o melhor caminho para quem busca a santidade. Acompanhe e perceba o quanto essa palavra pode servir para o tempo que você está vivendo agora, de acordo com o livro do Eclesiástico, Capítulo 2, versículos 1 a 6:

Filho, se te apresentas para servir a Deus, permanece na justiça e no temor e prepara tua alma para a provação.

Mantém o teu coração firme e sê constante, inclina teu ouvido e acolhe as palavras inteligentes, e não te afobes no tempo da contrariedade.

Suporta as demoras de Deus, agarra-te a ele e não o largues, para que sejas sábio em teus caminhos.

Tudo o que te acontecer, aceita-o, e sê constante na dor; na tua humilhação tem paciência, pois é no fogo que o ouro e a prata são provados e, no cadinho da humilhação, os que são agradáveis a Deus.

Crê em Deus, e ele cuidará de ti; espera nele, e dirigirá os teus caminhos; conserva seu temor, e nele permanece até à velhice.

Sofrer as demoras de Deus

Para mim o trecho mais difícil é quando fala-se sobre sofrer "as demoras de Deus". Isso porque sou extremamente ansioso com as coisas. Quando quero algo, isso tem que ser "para ontem". Esperar não é meu forte. E ainda mais esperar algo do qual não tenho a mínima ideia de quando acontecerá, porque não depende de mim. Na palavra está dito que quem (no caso, eu) entrar para o serviço Dele, precisa *sofrer* Suas demoras.

Mas quanto tempo irá demorar? Não sei. Quem nunca viveu uma situação difícil em que todos os dias perguntou a Deus:

"Meu Deus, quando isso vai passar?"

Uma coisa eu aprendi nos momentos de "espera" e que vivo diariamente no meu relacionamento com Deus: a angústia só passa quando tenho a coragem de dizer que "não sei quando vai passar". O meu "não sei" aparentemente singelo e inseguro é que me capacita a entregar tudo nas mãos de Deus. É como se, na minha insegurança, eu confiasse que tudo, mas tudo mesmo está nas mãos Dele. Ou seja, o meu "não sei" humano tem um poder transformador em mim. É libertador confiar plena e cegamente em Deus. Apesar de não ser nada fácil, pois é bem mais fácil desistir do que tentar. Mas quando eu tento dizer "não sei" e consigo, minha alma se revela pequena diante da grandiosidade de quem de fato tem controle sobre tudo em mim.

* * *

Leva tempo reconstruir

A reconstrução levaria um tempo. Acho que, no fundo, Deus mostrava ao Augusto e o usava também como seu instrumento para me ajudar a entender que a mudança por acontecer seria muito mais profunda, e que me colocar novamente diante de um grande público não seria nada bom para o processo que eu estava vivendo.

Eu não desisti. Continuei firme somente no grupo Tríade e frequentando as missas sem cantar ou tocar. Ali comecei a viver a celebração da Eucaristia novamente. Senti que Deus queria isso de mim. Aos poucos, vivendo mais intensamente as celebrações, fui percebendo que ao longo do tempo em que passei servindo a Ele nas missas, tocando e cantando, eu havia deixado de *viver* a missa *em mim*. Portanto, era preciso reviver esse tempo na Sagrada

Liturgia. Sem microfones ou violões. Olhando de frente para Ele sem me preocupar em qual seria o próximo canto a ser cantado. Eu precisava celebrar mais que um serviço. Eu precisava viver a Eucaristia como alguém que não enxerga nada mais importante. Porque na verdade, não há nada mais importante! Jesus é o centro. Minha música, meu canto e meu violão são meros adornos. Ele não precisaria de mim, mas quis precisar: apesar de minha fraqueza, meu amado Deus "quis precisar" de mim. Mesmo do jeito que eu estava. Mesmo sem saber o "não" do Augusto me possibilitou viver uma participação ativa e viva da Eucaristia. Eu percebi que era parte do arado. Parte da reconstrução e da preparação para "o lançar" de uma nova semente, que somente poderia germinar se caísse em uma terra viva. Um coração vivo. Ressuscitado.

Há uma canção que marcou demais minha caminhada e que gravei com a banda DOM no CD *Não Há o Impossível.* Chama-se "Tu És o Centro", de autoria do Frei Gilson, CMES. Uma letra simples, mas arrebatadora, porque nos convida a olhar para o essencial. Acompanhe a letra:

Tu És o Centro
(Frei Gilson, CMES)

Quero te louvar
Te engrandecer
E proclamar tua vitória em mim
Ser todo teu
É o meu prazer
Te seguirei aonde fores, Senhor

Tu és o centro da minha vida
És a razão da minha alegria
Não quero tirar os meus olhos de Ti
Quero que sejas o centro
Senhor da minha vida.

Deus precisa ser o centro de tudo. Nossa felicidade não pode estar pautada por alegrias passageiras. A felicidade real não se faz com uma junção de momentos alegres. A verdadeira felicidade consiste em, sobretudo conseguir enxergar que há esperança e beleza no caminho percorrido. E quando colocamos Deus no centro desse caminho, obstáculos passam a fazer sentido. Deixam de ser apenas obstáculos e passam a ser agentes motivadores. Eu olho para o problema e me desafio a enfrentá-lo. Deus age exatamente aí. Na minha vida, Ele nunca agiu com intervenção mágica que fez o problema sumir. Não. Consigo ver sua ação, por exemplo, todas as vezes em que tenho clareza e paciência para enxergar melhor os caminhos que devo seguir.

* * *

O segundo não

Então recebi outro "não".

Os dias se passaram e eu me sentia mais forte. Começava então a querer voltar para as atividades musicais da forma como comecei. Eis que então tive a "brilhante" ideia de procurar novamente a Comunidade Bom Pastor.

Pensei:

Puxa, eu fui ingrato, pedi para sair da banda, da comunidade. Agora vou fazer como aquele filho pródigo que saiu da casa do pai, mas se arrependeu e voltou. Ele foi recebido com amor! Por que eu não seria recebido de volta? Eles me amam, então vou até lá.

Relembrando que: a banda Bom Pastor estava trilhando um caminho muito bonito. Era uma trajetória de sucesso, se assim me permitam dizer, para que entendam melhor o que escrevo. E eu estava acompanhando de longe esse processo, principalmente porque meu irmão Marcio era um dos novos vocalistas da banda.

Cheguei à Comunidade Bom Pastor e me encontrei com a Iete, que na época era a coordenadora do ministério de música, e com a Ângela, uma das responsáveis pelos vocais da banda e amiga muito querida, de coração muito orante. As duas faziam parte do núcleo da Comunidade Bom Pastor.

Fui direto e, com a segurança que não tive anteriormente quando conversei com a Dóris sobre a minha saída, eu disse para as duas:

"Quero voltar."

Mas ali eu me referia a voltar para o posto de principal vocalista da banda Bom Pastor. Eu não queria voltar "de qualquer jeito". E eu esperava que elas reconhecessem meu momento e percebessem que eu estava sendo "humilde" em pedir perdão. E o que eu ouvi delas?

Um sonoro e bondoso não!

Lembro que Iete me olhava com carinho, mas também com muita firmeza. Não havia sinais de revanchismo por parte delas. Não percebi um sentimento de que queriam "dar o troco" apenas me dando um castigo. Não era isso. Ângela, entendendo que poderia tomar a palavra no lugar da Iete, pois estavam em perfeita unidade, respondeu docemente:

"Frê", pois na Comunidade ainda me chamam assim, como me chamam em casa , em família, "você pode voltar para a Comunidade. Nós nunca deixamos de *rezar* por você. Nossas portas sempre estiveram abertas para um filho. Mas para a banda você *não* poderá voltar. Não agora. Você não está pronto. Além do mais, a banda nesse momento *não* precisa de você. Não da sua voz. Queremos você na Comunidade, mas na banda você hoje não é mais essencial."

Completou com uma segurança na voz que poucas vezes tive a oportunidade de presenciar em alguém.

Eu me revoltei novamente. Senti-me rejeitado, humilhado. Eu não entendia. Afinal, eu me achava o *melhor*, quase insubstituível! Como assim não queriam que eu voltasse? Qualquer banda no *mundo* ia querer um vocalista como eu! (Desculpe, estou sendo sarcástico!)

* * *

Não precisavam de mim

Novamente comparo o que senti naquele momento com a parábola do filho pródigo do Evangelho de São Lucas, só que agora me remeto a outro personagem que ainda não tive a oportunidade de citar nesta narrativa. Um personagem não menos importante: o filho mais velho. Sim. Eu me senti como ele também. Aquele momento com elas fez aflorar em mim um sentimento que eu ainda não tinha vivido. O sentimento de ser preterido em sua própria casa. Eu estava voltando, humilhado! Eu me sentia curado! Eu precisava deles, e o que ouço? "Não precisamos de você aqui."

Vejam, meus queridos, que essa era uma visão muito limitada. Conduzido por um coração ainda em reconstrução. Ainda passando pelo arado.

Elas estavam sendo cuidadosas comigo e eu queria dizer a plenos pulmões que estava me sentindo injustiçado exatamente como o filho mais velho se sentiu quando o pai entregou um novilho gordo para ser sacrificado na festa do retorno do filho mais novo, o filho pródigo (Lc 15, 27). Eu não percebia que elas estavam devolvendo o anel para a minha mão, mas não da forma que eu achava mais adequada.

Eu gosto dessa reflexão. Acompanhem comigo: não há nenhum local na Sagrada Escritura que nos conte o que aconteceu com o filho mais novo um dia depois de seu retorno para a casa do pai. Claro que ele foi amado. O pai fez uma festa para o filho. Disse que antes ele estava morto e que agora havia sido encontrado com vida! Isso é lindo! O pai acolhe o filho que está arrependido e faz uma festa para lhe devolver a dignidade. Mas penso que esse mesmo pai só ama de verdade se for justo. Isso mesmo. E precisa ser justo com o próprio filho que retornou. Certa vez pensei como teria sido o dia seguinte ao retorno do filho ao lar. Exatamente como descrito no fim narrado na parábola. Tentei imaginar se o pai, logo de cara, devolveu todas as atribuições que outrora pertenciam ao filho que tinha voltado. Tenho certeza que o pai perdoou o filho arrependido. Mas penso também que o pai foi aos poucos resgatando a confiança nele.

As relações de amor verdadeiras se regeneram, mas as cicatrizes deixadas por cortes profundos podem permanecer. Não para nos lembrarmos das dores e marcas causadas pelo erro cometido, mas para nos lembrarmos daquilo de que somos feitos. Para mim é um sinal de atenção importante para que a cura total em seu devido tempo aconteça. Apenas uma motivação para que tenhamos mais cuidado na próxima vez.

Capítulo 10

DEPOIS DA DOR, O RECOMEÇO

Voltei para o meu deserto. Depois de mais um "não" recebido, o processo de arar a terra continuava firme em meu coração, desconstruindo minhas noções falsas de justiça e de gratidão. E preparando o terreno para o plantio de uma nova semente.

Um dia, chorando e pedindo a Deus que me desse uma resposta (como se Ele já não estivesse dando muitas ao longo do caminho) lembrei-me de uma pregação do cantor e pregador Martin Valverde durante uma apresentação que ele fez no Brasil. Aliás, permitam-me aqui agradecer e fazer uma referência a esse homem de Deus que tanto admiro. Alegro-me em dizer que foi por meio de uma canção dele que eu tive meu primeiro encontro arrebatador com Jesus Cristo. Quando ouvi pela primeira vez a canção "Ninguém te ama como Eu", me senti absurdamente amado por alguém. Amado por Deus. O Deus que deu a própria vida por mim e por tantos sem pedir nada em troca. Pois Ele o fez por amor. *Gracias, Martin. Salud siempre!*

A letra em português (ela foi escrita originalmente em espanhol) diz assim:

Ninguém te ama como eu
(Martin Valverde)

Tenho esperado este momento
Tenho esperado que viesses a mim
Tenho esperado que me fales
Tenho esperado que estivesses assim
Eu sei bem o que tens vivido
Sei também que tens chorado
Eu sei bem que tens sofrido
Pois permaneço ao teu lado

Ninguém te ama como eu (2x)
Olhe para a cruz esta é a minha grande prova
Ninguém te ama como eu

Ninguém te ama como eu (2x)
Olhe para a cruz, foi por ti porque te amo
Ninguém te ama como eu

Eu sei bem o que me dizes

Ainda que nunca me fales
Eu sei bem o que tens sentido
Ainda que nunca me reveles
Tenho andado ao teu lado
Junto a ti permanecido
Eu te levo em meus braços
Pois sou teu melhor amigo

Cantando para Deus?

Em determinado momento do show ele perguntou em voz alta:

"Temos cantores aqui? Temos cantores cristãos aqui?"

A cada pergunta que ele fazia as respostas eram mais fortes, contundentes e certeiras:

"SIIIIM!"

Gritavam milhares de vozes. Em certo momento, ele continuou:

"Nós, cantores católicos, cantamos músicas que falam de Deus?"

Nem tínhamos acabado de gritar um enorme sim, em coro, e ele terminou falando baixo, em tom firme:

"Então, talvez estejamos todos errados.

E houve um breve silêncio.

E, então, ele completou, dando sentido ao proposital jogo de palavras:

"Temos sempre que cantar para o Deus das músicas."

A lembrança da voz daquele ministro de música, que era uma espécie de ídolo da música católica para mim, veio claramente em minha memória e ecoou em meus ouvidos arrebatando meu coração novamente. Foi como se o véu que impedia minha visão do céu caísse definitivamente. Eu entendi então que havia passado grande parte da minha vida cantando *músicas para Deus*, e não *cantando e servindo ao Deus das músicas!* O Senhor da minha vida!

E meu choro aumentou. Mas aí não era mais choro e dor. Era uma alegria pura. Choro de alguém que passou a ver um sentido no que cantava. Era maior do que cantar. Era viver. Deus queria que eu vivesse para Ele. Que toda a minha vida fosse direcionada para Suas Mãos. Que meu canto, que na verdade não era meu, fosse apenas uma consequência de um desejo sem volta de viver ao lado do meu Pai, que me ama mais que tudo. Então, ainda em profundo êxtase, com a certeza de que Deus estava ao meu lado, me ouvindo e, sobretudo, falando comigo, tomei coragem e comecei a responder algumas perguntas que iam surgindo em minha mente:

"Filho, porque você me segue? É pela música que você faz? É por causa da música que você realiza tudo isso ou é pelo amor que você diz ter por mim?"

Eu respondi honestamente pela primeira vez:

"Senhor, eu te sigo por causa da canção que me permites cantar!"

Imediatamente, peguei a Bíblia e, ainda em meio às lágrimas, abri e me deparei com a passagem bíblica que narra a história de Isaac e Abraão no livro do Gênesis, Capítulo 22, versículos de 1 a 13:

Depois desses acontecimentos, Deus pôs Abraão à prova. Chamando-o, disse: "Abraão!" E ele respondeu: "Aqui estou".

E Deus disse: "Toma teu filho único, Isaac, a quem tanto amas, dirige-te à terra de Moriá e oferece-o ali em holocausto sobre o monte que eu te indicar".

Abraão levantou-se bem cedo, encilhou o jumento, tomou consigo dois criados e o seu filho Isaac. Depois de ter rachado lenha para o holocausto, pôs-se a caminho para o lugar que Deus lhe havia ordenado.

No terceiro dia, Abraão levantou os olhos e viu de longe o lugar.

Disse então aos criados: "Esperai aqui com o jumento, enquanto eu e o menino vamos até lá. Depois de adorarmos a Deus, voltaremos a vós".

Abraão tomou a lenha para o holocausto e a pôs às costas do seu filho Isaac, enquanto ele levava o fogo e a faca. Os dois continuaram caminhando juntos.

Isaac falou para seu pai Abraão e disse: "Pai!" "O que queres, meu filho?", respondeu ele. O menino disse: "Temos o fogo e a lenha, mas onde está o cordeiro para o holocausto?"

Abraão respondeu: "Deus providenciará o cordeiro para o holocausto, meu filho". Os dois continuaram caminhando juntos.

Quando chegaram ao lugar indicado por Deus, Abraão ergueu ali o altar, colocou a lenha em cima, amarrou o filho e o pôs sobre a lenha do altar.

Depois estendeu a mão e tomou a faca a fim de matar o filho para o sacrifício.

Mas o anjo do Senhor gritou-lhe do céu: "Abraão! Abraão!" Ele respondeu: "Aqui estou!"

E o anjo disse: "Não estendas a mão contra o menino e não lhe faças mal algum. Agora sei que temes a Deus, pois não me recusaste teu único filho".

Abraão ergueu os olhos e viu um carneiro preso pelos chifres num espinheiro. Pegou o carneiro e ofereceu-o em holocausto no lugar do seu filho.

Abraão foi colocado à prova e foi até o fim. Deu o que mais amava para Deus. Foi capaz de dispor da vida de seu filho único, que lhe fora dado já em circunstâncias improváveis. Deus entendeu que seu amor por ele era maior que a vida de seu próprio filho.

Vi então que a música, o meu ato de cantar, era "o meu Isaac". E percebi que Deus estava pedindo meu Isaac também. Se eu amasse o Senhor mais que tudo, eu seria capaz de renunciar ao que mais amava por Ele. Na confiança que Ele continuaria à frente de tudo e que nada aconteceria na minha vida ou na minha missão sem que Ele permitisse.

Ao longo do diálogo franco e amoroso que tive com Deus durante esse momento de oração, senti que era preciso que eu renunciasse completamente ao desejo de cantar. Era preciso que eu fosse obediente aos sinais que o Pai estava me dando. Deus somente me devolveria a oportunidade de cantar e tocar se a razão para o meu cantar fosse *Ele* e não a glória que a música poderia me dar.

Então senti o abraço reconfortante do pai que acolhe o filho que decidiu retornar para casa. Sujo, maltrapilho, desgastado, envergonhado, sem nada. Eu não tinha mais nada. Não queria ter nada. Apenas sentia-me abraçado! Chorando, não cansei de pedir perdão. Eu repetia com firmeza:

"Pai, eu não sou nada e nada tenho. Essa música que canto não é minha, e se a canto é porque o Senhor me permite isso. Peço perdão porque não entendi isso. Mas hoje estou aqui para pedir-Lhe perdão. Para me deixar ser conduzido novamente, agora do Teu modo. Se eu não cantar mais, ainda assim eu O amarei. A música que componho, a minha voz, o meu cantar, o meu servir, a minha vida: nada disso é meu, Senhor! Tudo é Teu! Tudo é do Pai!"

A frase veio como uma oração rasgando meu peito e expressando a maior verdade que meu coração humano poderia sentir, afinal, não era somente sobre música que Deus queria me falar. Ele queria a minha vida. Ele me queria por inteiro. Eu precisava entregar tudo ao Pai.

Faça isso você também. Deus quer você por inteiro! Não importa quantas feridas você tenha colecionado em seu caminho. Ele quer você agora! Por inteiro! Precisa de tudo! Todas as áreas da sua vida, do seu coração, tudo mesmo!

E assim nasceu parte do refrão da canção que marcou uma mudança em minha vida.

Tudo é do Pai, toda honra e toda glória, é dele a vitória alcançada em minha vida...

* * *

Mergulhando na parábola

Comecei a procurar tudo o que havia disponível a respeito da parábola do filho pródigo. Artigos, textos, referências na Bíblia... Mergulhei profundamente nessa vivência porque percebi que eu havia trilhado o mesmo caminho. E cada vez que me aprofundava, mais eu entendia que todos nós vivemos a experiência do filho pródigo quando, em qualquer área de nossa vida, desejamos fazer as coisas ao nosso modo. Quando optamos em não ouvir a Deus. Quando desprezamos sua presença e pedimos nossa parte da herança para "gastar" do jeito que entendemos ser o melhor.

Foi quando encontrei o livro *A volta do Filho pródigo*, de Henri J. M. Nouwen[1]. Por meio da observação do quadro homônimo do pintor holandês Rembrandt Harmenszoon van Rijn, Nouwen narrou uma linda caminhada espiritual na qual analisou os personagens da parábola bíblica à luz de sua experiência pessoal. Fiquei extasiado. O livro é belo e edificante. Um dos momentos em sua narrativa que mais me chamou a atenção foi a observação do autor em relação às duas mãos do pai que abraça o filho na pintura de Rembrandt. A mão direita é sutil, mansa e acaricia as costas do filho que está ajoelhado e arrependido. É uma mão quase feminina, materna e mais delicada do que a mão esquerda, que está sobre os ombros do filho e que é sutilmente desenhada mais forte e viril, não somente amparando o filho, mas suportando-o e direcionando-o com amor e com justiça.

São mãos de um pai forte, justo que não "aponta o dedo para julgar ou questionar os erros". Não. Ele, meu Pai, nosso Pai, é justo, forte, cheio de amor e de misericórdia e foi capaz de perdoar o maior pecado desse pecador que se curvou verdadeiramente arrependido.

* * *

Deus sempre cuida de tudo

Lancei-me a Seus pés. Percebi que o Pai estava realmente cuidando de tudo. Até nas minhas quedas seu olhar me acompanhava. Mas o amor era tão grande que prevalecia o respeito Dele por minhas escolhas. É o verdadeiro amor. O amor que liberta. O amor que propõe liberdade e não a prisão do condicionamento ou da obrigação. Ninguém é obrigado a amar. Ama-se porque se *escolhe* amar. Deus nos ama de graça e nos deu a graça de amá-lo por meio de uma decisão.

A primeira decisão de amar plenamente veio de Deus.

Eu e Augusto compusemos a canção "Há uma oração", que está no terceiro CD da banda DOM, intitulado *O amor vai falar*. Gosto muito dessa canção e gostaria de compartilhá-la com você:

Há uma oração
(Augusto Cezar e Fred Pacheco)

Há uma oração em cada lágrima, em cada dia
Em cada sonho que termina e que se refaz
Há uma oração em cada dor, em cada alegria
Na esperança que ainda brilha cada vez mais

Porque me amas posso te amar
Porque me queres a Ti vou me entregar
Porque me escolheste posso te acolher
Porque me criaste posso te conhecer
Há uma oração em cada ausência, em cada partida
Em cada promessa em nossas vidas, que nos faz amar

Ela nos faz pensar um pouco sobre todas as formas de oração. Mas para continuar nossa reflexão, ressalto uma frase do refrão que diz:

"Porque me amas, posso te amar."

Deus nos concede então a graça de amar por meio de *Seu* amor.

Foi assim que o Pai do céu me acolheu novamente. Recebeu-me em Sua casa e me perdoou, porque pedi Seu perdão. E assim sou grato por ter me devolvido a dignidade de filho amado.

O recomeço chegou. Deixei-me abrir para que Deus tomasse conta de tudo. Não era mais somente música. Na verdade nunca foi. Eu é que achava que era. Na verdade, era sobre a vida. Todos nós somos chamados a vivenciar essa experiência. Seria pequeno demais em meu pensamento imaginar que Deus estava agindo somente na área musical da minha história. Não foi isso. Deus me queria por inteiro. Sem ressalvas. Sem máscaras.

E Deus me possibilitou retornar ao Seu modo. Ao Seu tempo. Com outra visão sobre tudo. Outra visão sobre o mundo. Eu tomei posse da minha filiação. Eu entendi plenamente o amor de Deus por mim e percebi o quanto sou amado por Ele. Os frutos que colhi? Foram muitos.

Com Augusto e Filipe dei início à banda DOM. Já são mais de dezoito anos de história e muita música. Foram cinco CDs gravados e um DVD. E uma multidão de intercessores e amigos que dão sentido à minha missão de evangelizar e cantar as maravilhas do céu.

Na banda DOM gravamos a canção "Tudo é do Pai" no início do ano 2000 e demos ao nosso primeiro CD o título dessa música. A música ficou muito conhecida e foi executada durante muito tempo em rádios católicas por todo o Brasil, além de começar a ser cantada em muitos lugares. E com ela nós também fomos chamados a cantar o amor de Deus em outros tantos lugares... Até hoje.

A música ficou maior que eu. Principalmente porque eu já tinha me deixado levar pelo amor incondicional do Pai. Eu era somente Seu instrumento. Deus estava à frente de tudo.

* * *

Um homem novo

Em determinado momento desta trajetória, ainda incomodado com alguns resquícios vividos no passado, tomei a decisão de mudar meu "pseudônimo artístico" para *Fred Pacheco*. Uma forma simbólica de deixar o homem velho para trás e resgatar minha origem. Um novo homem precisava nascer em tudo.

Um novo cristão nasceu.

Um novo músico cristão nasceu. Um novo homem cristão nasceu.

E assim completei em versos a canção que traduz uma parte da minha vida.

E depois outros a cantaram para mim. Cantaram melhor do que eu. E agora não é mais minha. Ela é de todos.

É sua também.

Por isso, cante e reze novamente. Cante sempre que precisar.

Tudo é do Pai!

Tudo é do Pai
Fred Pacheco

Eu pensei que podia viver por mim mesmo
Eu pensei que as coisas do mundo não iriam me derrubar
O orgulho tomou conta do meu ser
E o pecado devastou o meu viver
Fui embora, disse ao Pai:
“Dá-me o que é meu!”
Dá-me a parte que me cabe da herança
Fui pro mundo
Gastei tudo
Me restou só o pecado
E hoje eu sei que nada é meu
Tudo é do Pai

Tudo é do Pai
Toda a honra e toda glória
É Dele a vitória alcançada em minha vida
Tudo é do Pai
Se sou fraco e pecador,
Bem mais forte é o meu Senhor
Que me cura por amor!

NOTAS

PARTE 1

1 Grün, Anselm. *Pequeno tratado do verdadeiro amor.* São Paulo: Vozes, 2013.
2 D`Avila, Santa Teresa. *As moradas do castelo interior.* São Paulo: É Realizações, 2014.

PARTE 2

1 Cantalamessa, Raniero. *A vida em Cristo.* São Paulo: Loyola, 1999.

PARTE 3

1 Nouwen, Henri J. M. *A volta do Filho pródigo.* São Paulo: Paulinas, 1999.

AGRADECIMENTOS

A Deus... por TUDO!

Na verdade, tudo é Dele, por Ele e para Ele

(Romanos 11, 36)

Ao meu pai Carlos (*in memoriam*), minha mãe Márcia e meus irmãos Marcio, Bianca e Ariela. Obrigado por serem parte de mim e eu de vocês. Obrigado por tudo.

A Doris Carvalho, da Comunidade Bom Pastor, por ter sido (mesmo sem ter pedido) o "pai" deste "filho pródigo".

Ao Augusto e Filipe (parceiros na banda DOM) que me deram a chance de executar essa canção pela primeira vez. Com vocês, ela ganhou forma para o povo e para o meu coração também. Obrigado!

À Kiara Castro e ao Guto Kater, gratidão por me ajudarem (cada um a seu modo e em seu tempo) a materializar este sonho. Deus os abençoe!

A todos os amigos e intercessores que rezaram por mim durante a preparação desse projeto.Muito obrigado.

UMA CONCLUSÃO...

Dentre tantos relatos e testemunhos que recebi sobre essa canção, ao longo da minha caminhada, quis concluir este livro com o testemunho de um grupo de jovens. Ao lê-lo, percebi que eles entenderam muito bem que uma canção somente faz sentido se a história que a antecede tem essência. Eles também viveram a parábola da canção. Cada um ao seu modo. Por isso se identificaram tanto e a fizeram seu lema. No final, se aprofundaram ainda mais.

Assim, concluo que, realmente, *A força das escolhas* não é um livro que conta a história de alguém ou de uma canção. É a história de uma canção que retrata o caminho, a queda, o recomeço, a vida de todo aquele que, de alguma maneira, sente-se filho amado de um Pai que nunca se cansará de amar.

"Em 2006 nosso grupo de jovens surgiu! Nosso primeiro objetivo era darmos sequência aos estudos bíblicos após o sacramento do Crisma! Entretanto, nosso pós Crisma foi se tornando cada vez mais intenso e com uma vontade imensa de buscarmos a Deus. No auge da nossa adolescência, encontramos nosso primeiro amor em Cristo e a cada encontro dominical ardíamos mais na fé. Música sempre foi nossa grande paixão, e "Tudo é do Pai" se tornou nosso lema, identidade e nome diante do Santíssimo, porque para todos os jovens do grupo nossa vida estava no Pai e a Ele nos entregávamos.

Participávamos de diversos eventos externos, e mesmo já conhecendo a Banda DOM, foi no evento Herdeiros do Céu que tivemos certeza que "Tudo é do Pai" marcava nossa vida, pois independentemente dos rumos que a vida fosse tomando, voltaríamos ao Pai. Após três anos de encontros semanais, e com os jovens mais próximos da vida adulta, o nosso grupo se desfez. Surgiram conflitos, brigas e chateações. Claro que na visão de hoje, sabemos que faltou fé, mas como Deus sabe de todas as coisas, achamos melhor terminar o grupo e cada um seguir o seu caminho. Ficamos mais ou menos cinco anos distantes uns dos outros, mas cada um sentia em seu íntimo a dor daquela perda, da falta do amor e da união em Cristo. Como o filho pródigo que decidiu ir embora, assim fizemos. Mas esquecemos que o nosso grupo era esse: "Tudo é do Pai". O nome do grupo como tudo que fazíamos era pela oração, em contato com o Santíssimo, em intimidade com Cristo. Éramos ligados espiritualmente e tínhamos confirmações e sentimentos mútuos. Não tardou para a saudade apertar e falar mais alto! Embora cada um estivesse em paróquias diferentes, com trabalhos diferentes, todos sentíamos essa vontade do Deus conhecido em intimidade e fé. Não adiantava grandes encontros, retiros ou outros grupos. Nós éramos do Pai. Como o filho pródigo voltamos. Sentíamos em nossos corações, em nossas orações e em nossos sonhos que ainda tínhamos muito o que servir na obra de Deus, e que chegara a hora de voltarmos como filhos pródigos. Prostramos nossos joelhos ao chão e nos entregamos como "barro na mão no oleiro", compreendemos que nossa missão com os jovens deveria ter sua continuidade, e, em 2015, voltamos com o propósito missionário e "formador" de grupos de jovens, onde nos reuniríamos com grupos iniciantes para interceder e fortalecer as estruturas desses jovens.

"Tudo é do Pai" mais uma vez nos representa, mostrando que fomos ao mundo, gastamos tudo, e que sem dúvida nenhuma, hoje sabemos que nada é nosso, mas Tudo é do Pai. Ensaiávamos o contato com vocês, e acredito que Deus agiu nesse momento para que nossas histórias de cruzassem!

A música não é só a identidade do grupo como também é a prova de que somos amados Dele. A música que marcou nosso primeiro amor. Foi e é com ela que temos a certeza do amor de Deus na nossa vida, mesmo quando vacilo. É com ela que entendemos que o amor de Deus é loucura para os homens, que Ele é inexplicável, Inigualável e que não importa, Ele nos ama assim; como fomos, como somos e como ainda seremos.

A música foi o repertório da vida de um adolescente perdido, ferido e confuso como qualquer um. Foi força e direção para crescer em Deus e continua sendo a Voz Dele quando somos o filho mais novo ou o mais velho; quando somos o pai que espera aquele que também se afastou, mas na certeza de que Tudo é do Pai.

Augusto Campo, Alini Mioshi, Bruno Campo, Diego Medeiros, Diego Ramos, Isabela Silva, Karina Dias, Lúcia Muricy, Maxwel Gomes, Milena Muricy, Patrícia Novaes, Rodrigo, Vanessa Cruz, Willian Novaes.

POSFÁCIO

Eu sou a Ana, esposa do Fred e mãe da linda Valentina.

Escrevi este posfácio por sugestão do nosso pai e mestre padre Zezinho. E vou começá-lo confessando algo para vocês.

O Frê (é assim que o chamo carinhosamente em casa... rs) sempre diz que uma das características mais fortes que ele enxerga em mim é a perseverança. Eu realmente acredito que fui perseverante, e porque não dizer até um pouco insistente, para que ele colocasse no papel a experiência que viveu e tudo que o motivou a compor a música "Tudo é do Pai".

Em meu coração e em minhas orações eu conversava com Deus e dizia que acreditava ser Seu desejo este projeto. Por isso era assim que eu podia ajudar também. Intensificar minhas orações pedindo ao Senhor que ajudasse o Frê a enxergar esse desejo, essa inspiração do céu.

E assim passou o tempo dos pedidos e insistência (e não foi pouco tempo... rs) e me reservei a não mais falar sobre o assunto. Rezei ainda mais. Foi um longo caminho. Até que um dia, o Frê assumiu esse projeto como seu.

Creio que Deus, com sua delicadeza, conversou com ele no íntimo do coração. Com seu carinho de Pai o incentivou a caminhar.

Foram muitas experiências importantes para a nossa fé ao longo dos meses em que ele se colocou disponível duas horas por dia para rezar e escrever. Muitas batalhas! Frê escrevia, rezava, chorava, crescia e via o quanto Deus o amou e ama!

Hoje, eu tenho certeza, que se o livro está em suas mãos agora é porque de fato era e é um projeto de Deus para nossa vida e para a sua vida também.

Agora, após você ter lido o livro, espero que você tenha sido alcançado pela graça de Deus e pela constatação que "Tudo é do Pai" não foi só uma canção. Espero que você tenha compreendido um pouco da história e se identificado com ela, tomando fôlego e coragem para viver de forma que a vaidade e orgulho não ocupem um lugar tão grande em sua vida. Espero que você se sinta amado apesar do pecado, da fraqueza; e, principalmente, disposto a ouvir a vontade de Deus para a sua vida. Os planos Dele são sempre os que nos trazem a verdadeira felicidade.

Costumo repetir, em nosso cotidiano, a frase de um escritor britânico: "A vida é muito curta para ser pequena". Repito esta frase para que as palavras, uma vez repetidas, nos ajudem a viver melhor.

Por outro lado, todos nós sabemos muito bem como "apequenar" a vida, e fazemos isso quando paramos em nossos limites, pecados e fragilidades sem recorrer ao nosso Deus, que nos ama e nos cura por meio da sua infinita misericórdia. E, por fim, lembremo-nos sempre o que nos ensina a passagem da Bíblia em 1 Pedro 5,10: *O Deus de toda graça, que vos chamou em Cristo à sua eterna glória, depois que tiverdes padecido um pouco, vos aperfeiçoará, vos tornará inabaláveis, vos fortificará.*

É isso. Somos fracos, pequenos e limitados em nós mesmos. Mas fortes, grandes e infinitos *com* e *em* Deus.

Obrigada por deixar-se partilhar esta linda história de amor. Deixe-se amar pelo Pai que é Tudo por você!

Porque andamos na fé e não na visão.
(2 Coríntios 5, 7)

Ana Ismerim

Este livro foi composto em Adobe Garamond Pro e Bliss Pro e impresso pela Gráfica Santa Marta para a Editora Planeta do Brasil em agosto de 2018.